吉祥如意每一天

大寶法王口訣日曆

第十七世大寶法王噶瑪巴 鄔金欽列多傑 —— 著
了覺法師／了塵法師 —— 選錄

〈緣起與感謝〉

法王的心，每天與我們同在

每天和法王的加持與祝福在一起，每天聽聞噶瑪巴言教，是很多弟子的夢想──《吉祥如意每一天：大寶法王口訣日曆》讓這件事成為可能，因為我們精選了法王歷年的開示，安排在萬年曆中，一天一則來自法王的提醒，讓我們帶著覺知過好每一天的生活。

本書節錄自近年來眾生文化出版第十七世法王噶瑪巴鄔金欽列多傑的八本著作，以及1998年至2014年間法王歷次重要開示、經論講授內容，主題包括有佛教相關義理和修持，如生死無常、禪修、慈悲，以及對全球社會、環保等的關懷。收錄集成約三百六十五則語錄，分作十二個單元，逐月按日排序，可作為日常生活的座右銘。並收有多幀法王法像。每日一讀，加持法雨均霑。

各月份首頁，為方便讀者記憶，列有各同名月的藏曆及農曆主要相關節慶，由於曆制計算基礎不同，藏曆與農曆各月、日皆與目前通行的西曆（陽曆）並不完全對稱，彼此之間的實際對應月份、日期，還請讀者從網路或相關資訊，檢索當年的對照表。

本書之選錄內容由了覺、了塵兩位法師發心，從法王大量而珍貴的言教中選錄，細心整理，並按內容分類，兩位法師耗費的時間、精神難以計量。在此為讀者能同霑法雨，共沐佛恩，向兩位法師致上深深的感謝。一切功德迴向所有以這本口訣日曆聞思修的法友，修行成就，一切有情離苦得樂。　眾生文化　編輯部合十

▶2012年，法王噶瑪巴於聖地菩提迦耶「瑪哈嘎拉大法會」，首度在藏地之外修持金剛舞，具「見即解脫」功德。

1 月

一元復始的新月

新年新氣象，
四季萬象都可以成為我們的佛法老師，
讓我們日日如新。

*六齋日：據經典，於六齋日行八關齋戒，行善修持，遠離災禍，成就涅槃。藏曆中禪定勝王佛日等各日，類似漢傳之六齋日概念，修持行善功德倍增，反之行惡，惡業亦倍增。

農曆一月

	1 春節 彌勒菩薩誕辰	2	3	4	5	6
7	8 六齋日	9	10	11	12	13
14 六齋日	15 六齋日 元宵節	16	17	18	19	20
21	22	23 六齋日	24	25	26	27
28 六齋日	29 六齋日	30 六齋日	*農曆大月30日，小月29日。同一月份，每年大小月不定，表格自行依當年酌用。六齋日為初八、十四、十五、廿三、廿九（小月為二十八）、三十（小月為二十九）			

藏曆一月【神變月】

	1 禪定勝王佛日	2	3 第一世大寶法王 杜松虔巴圓寂日	4	5 第七世噶瑪巴 確札嘉措誕辰	6
7	8 第三世噶瑪巴 讓炯多傑誕辰 藥師佛日	9	10 千劫佛日	11	12	13
14	15 阿彌陀佛日	16	17	18 觀世音菩薩日	19	20
21 地藏王菩薩日	22	23 大日如來日	24	25 蓮師日	26	27
28 第九世噶瑪巴 旺秋多傑圓寂	29	30 釋迦牟尼佛日	*藏曆各月遇有「重日」、「缺日」的情形，表格請酌用增刪。			

*以下各月份頁農曆、藏曆表格為方便每年皆可使用，故對照西曆月安排。請注意三種曆法實際並不對稱。藏曆的「重日」指一個月中某一天會重複記日，例西曆2014年，1/16、1/17，對照藏曆，卻都是11月16日。「缺日」指一個月中跳過某一天不計，例如2014年，1/4，藏曆11月初三，1/5，藏曆11月初五，當月藏曆沒有初四，即所謂缺日。

觀心手記

扎西德勒

第 21 屆噶舉大祈願法會開示節錄

我祝福大家「扎西德勒」，這句話的意思是吉祥幸福康樂之意。

藉這句話，我祝福大家一生都快樂，祥和安寧。
同時也希望大家能將此祝福間接傳達給與大家有關係的人，
這樣相互傳達使所有與大家相關的人都能得到祝福。

觀心手記

寶山人生

《跟著走，就成佛》，第 18 頁

我們不該把這難得的人身，白白用在得到今生各種短暫的快樂上。

什麼叫短暫的快樂？就是衣食、名聲等等。
我們應該努力幫助自他得到究竟快樂，
這才是難得人身真正該做的事情，不要入寶山卻空手而回。
如果虛擲人生，以後想要再次得到，會是非常困難的事情。

觀心手記

如夢如彩虹

《就在當下》，第 218 頁

名望與財富，恰如天空的彩虹，所愛的人、家人與朋友，
恰似水上的雕塑，生活上的點滴，彷彿昨夜的一場夢，
天地萬物，不過是暗夜中的電光一閃。

觀心手記

修行要及時

2014 年，《解脫莊嚴論》開示

想要得到好的果，就要從因上著手，從「分別善惡」開始去做，
譬如種田者為能豐收，必須付出多大代價，
真的必須早起耕耘，連種田都必須如此，
我們現在要獲得能利益一切眾生的究竟果位，
為何還不去努力呢？

觀心手記

樂苦循環

2012年，
《三主要道》釋論開示之二

想要解脫的人，雖然有非常多修持的方法，然而真心想要
成佛的人，首先要生起清淨的出離心。這種出離心，
不是只想著出離三惡道而已，而是想要超脫整個輪迴。

如果沒有這樣清淨、深切的出離心，如果不放下那種愚蠢之心，不止息
這樣的顛倒，貪著的繩索，飄泊於六道的眾生，仍舊會被牢牢地束縛在輪迴當中。
因此，想要解脫的人，首先要認知一切輪迴的快樂，都是痛苦的泉源。

觀心手記

降伏自心

《跟著走，就成佛》，第28頁

一切的典籍，都是用來降服自心，我們應該如此去實踐。
就算只是學到一個法門，你都應該將它用來降伏自心。

你可能只有機會聽到一座法、一堂課，
但是你也要讓這堂課變成是你降伏自心的方法。

觀心手記

未進門的皈依

2014 年，《大手印了義炬》開示

我們進入佛門學佛，
僅僅說「我皈依佛門了」、「我是一個佛弟子了」，
光是這樣有一個佛弟子的名號是不夠的，
要盡力去做聞思的學習和修持，
使得學佛的意義和成果得以彰顯，這才是重要的。

觀心手記

心毒血清

《報告法王：我做四加行》，第 69 頁

沒有一個罪業不是依靠貪、瞋的煩惱而產生。
因此依靠動機的差別，我們說造業的緣分為三種：
因愚癡煩惱而造業，因貪心而造業，因瞋心而造業。

因此，我們若是認知到要捨棄三毒的一切作為而懺悔的話，
那一切罪業都能懺悔清淨。

觀心手記

少得嫉妒方便隨喜

《我願無盡》，第 93 頁

積聚福德善業最好的一個方法，其實就是隨喜功德了。

最重要的，就是不要嫉妒別人，無論大小善業，都要隨喜，
我們可以歡喜地雙手合掌，可以歡喜地口說讚歎，
也可以帶著歡喜的心，發自內心地給予祝福；
這樣身口意的隨喜讚歎，能夠得到很大的功德利益，
這是非常重要的。

觀心手記

佛法的版權

《崇高之心》，第 276 頁

你可以從自己的經驗激發出深刻的洞察力。
沒有人擁有佛陀教法的版權，它們屬於這個世界。

從這層意義上來說，它們不是我可以提供給各位的，
教法和老師無所不在，實相就是你的老師，
任何顯現的一切都能成為你的老師。四季可以教導你，
所有的一切都可以成為佛法的老師，所有的一切都可以。

觀心手記

受苦的人

《跟著走，就成佛》，第 44 頁

什麼是悲心，就是先了解自身的情況——自己想要遠離痛苦，而且自己多麼渴求快樂。

一點點的快樂還不夠，自己想要的是更多、更殊勝、更無量的快樂；將心比心，每個眾生都跟自己的想法一樣，都想要離苦得樂。悲心不是說我在這裏，那些人在那裏。你好像在做大布施，心中想：「哎呀！你好可憐喔！所以我要把我的悲心給你呀！」不是這樣的。而是你深切體悟到——那個正在受苦的人，就是你自己。

觀心手記

不傷害有情

《跟著走，就成佛》，第 228 頁

就算我們沒有得到多大的成就或證悟，
也不具備上天下地的能力，
但至少要能做到一點——不傷害他人，
這樣才是名符其實的佛教徒，請大家謹記在心。

觀心手記

當你縮手時

《跟著走，就成佛》，第 41 頁

雖然菩薩戒有很多戒條，但最主要的戒，就是不要捨棄眾生。

捨棄眾生，也不是指捨棄「所有的」眾生才犯，
只要捨棄了「一個」眾生，就是犯了菩薩戒了。

什麼是捨棄一個眾生？就是當你有機會幫助某人，但你卻沒有那麼做；你有機會消除對方的痛苦，但是你卻沒有那麼做；你發自內心地不想幫助他人，這就是捨棄眾生，這時，你的菩提心戒也就沒了，你也不算是大乘的行者了。

觀心手記

誰為依靠

《就在當下》，第 161 頁

每件事情都是相互依存的，沒有人能完全自給自足，
我們依賴人類社群相互支援。

傷害了別人，就是在弱化自己的支援系統，
為什麼要害自己呢？
所以別再這麼做了，盡己所能去幫助其他人吧。

觀心手記

停下腳步與自己相處

《崇高之心》，第 237 頁

我們可以讓自己生命中的每一步，每一個經驗，都成為心靈成長的機會。

如果我們活在當下，即使是微風吹拂過青草葉片時的彎曲，
都可以讓我們覺察到相互依存的真理。

當你用一點時間和自己共處，就能體驗到許多像這樣沉靜探索的片刻。
這需要你停止追逐事物、人和經驗，去培養能夠安住的能力。

01.16

星期__

觀心手記

愛如何能打開

《崇高之心》，第 45 頁

在我們所有的人際關係中都可能存在著愛，因為所有人都想要快樂。
沒有人會想要受苦。對我們所愛的人來說是如此，對我們不喜歡的人來說
也是如此。在這方面我們所有人都是完全一樣的。
我認為這個想要快樂的共通願望，是我們在理智上很容易就可以理解的。

當我們也在自己的心上學會去感受和尊重這樣的願望，
愛就自然會在我們心中蓬勃開展。

觀心手記

01.17

星期__

為什麼認不出快樂？

2012 年，《三主要道》釋論開示之三

只要我們能仔細思維，懂得感恩和珍惜，一次呼吸都是很難得的，
這些喜悅一直跟著我們，就在這些細微當中，
隨時跟著我們，不是只有有錢有勢的人才有。

快樂只是有沒有被認出來而已，
也就是懂不懂得知足和感恩而已。

觀心手記

01.18

星期__

處事的捷徑

《就在當下》，第 31 頁

請讓誠實與美善的價值觀，成為你行為與言語的動力來源。

這樣自然地，就能產生對彼此相互的信任與善意，
如此就能創造出和平與和諧的氣氛。
你生活中的障礙將會減少，你會發現事情更易於達成。

觀心手記

信心

2014 年，《解脫莊嚴論》開示

信心是一切善業的動力，
不管是在修法前行階段、正行階段或結行階段，
信心的功德是最為殊勝的，信心能讓一切善業的功德，
未生者能生，生者不退，從而增進，
因此信心可以讓行者得到一切的功德，
也就是說，信心是一切佛法的基礎，是非常重要的。

觀心手記

修行的好現象

2102 年，
第十五屆噶舉辯經大法會開示

聞思好的徵兆，是寂靜調柔；觀修好的徵兆，就是沒有煩惱。
依靠修學，應該可以讓我們認知到煩惱，
知道它的對治法，懂得該如何去斷除煩惱。

觀心手記

01.21

星期__

我的期望

《報告法王：我做四加行》，第 61 頁

大家的心要關懷整個世界，不光只是心中想，
也希望大家以實際的行動來關懷我們的周遭、關懷整個世界。

實際的行動可以從小地方開始做，
例如從家裡、親人開始，慢慢的擴大到我們的社會及國家。
這個就是我個人對於各位的寄託跟期望，希望你們盡力做到。

觀心手記

01.22

星期__

一念希望

《法王教你做菩薩》，第 87 頁

經歷挫折的時候，我們一定不能灰心，
要有長遠的眼光，要保守住希望。

這一念希望，即是我們想達到的目標，
就好比是躲藏在山間的偵查員一樣，
觀望著四周的動靜，專注地等待著每一次的機會。

當機會出現時，我們以過去挫敗經驗為殷鑒，而採取適當的行動。

觀心手記

誰在左右

《跟著走，就成佛》，第 108 頁

佛法若在心中生起，心就能得到平靜、得到降伏，不再煩躁不安。

所以內心是否具備佛法，端視於我們的心，
是否平靜祥和，端視於我們的心，是否不再被煩惱所左右。

否則，如果內心還是充滿嫉妒和憤怒，
這代表心中並沒有生起佛法，這時最好也別稱自己是佛教徒了。

觀心手記

取捨

《跟著走，就成佛》，第 123 頁

什麼是修持佛法？ 就是幫助自己，得到益處。

沒有好處的事情就應該捨棄，不是嗎？
我們應該要理性、謹慎地思維——
什麼對我們有利，什麼對我們有害？
然後正確地做取捨，這就是佛法的修持。

觀心手記

涓滴成海

《跟著走，就成佛》，第 130 頁

行善的態度要像乞丐乞討一樣，一點一滴來累積。
一天如果只做了一點點的善行，你也應該感到滿足，
並隨喜自己的善行，藉此鼓舞自己再接再厲。

觀心手記

良善指示牌

2008 年，宗門實修「噶舉祖師教言」

我們首先要知道依止上師的目的是什麼？
我們依止上師的目的，
是要能調伏自心、明辨善惡，
只要是這方面的教誨，我們一定要遵從。

01.27

星期__

觀心手記

真正的利益

《跟著走，就成佛》，第 133 頁

多一些好的觀念、正確的態度、使心向善。
當你心善了，體現於外的行為，
自然會越來越好。同時記得不要自私，
總是要祝福別人、迴向眾生、利益眾生。

能夠這樣做到，生活中的任何事情都是菩提道，
都能幫助我們成就，都是在利益眾生。

01.28

星期__

觀心手記

他人的需要

《愛的六字真言》，第 107 頁

為了確保我們自身的福祉，
我們必須關心身邊的人以及所有生靈的福祉，
因為我們倚賴著他們，
我們無法將自身的福祉與他們的福祉分開。

從這個觀點來看，甚至我們需要讓他人幸福，
等同於我們需要讓自己幸福。

觀心手記

心該去的地方

《愛的六字真言》，第 46 頁

既然有了這如白晝的星光一樣短暫的人身，
就要讓所有的作為，透過這身體，成就廣大的善行；
讓所有的言說，透過語言，都能利益他人，盡是善業；
讓所有的心思，透過意念，成為遍繫著一切有情的善德。

觀心手記

01.30
星期__

365 天的進步

《跟著走，就成佛》，第 88 頁

很多人會說自己在修行、禪修、課誦，或者觀修本尊、持誦咒語，但是卻說不出自己在一年當中，哪個法門真正對治了煩惱。

一年12個月、365天的時間不算短，我們卻連一個實際對治煩惱的法門也說不出來，這是一個很嚴重的問題。

持續這樣下去，修行不會進步，一天過了還是一樣，一星期過了也還是老樣子，一個月、一年過了，自己依舊沒有任何進步。

觀心手記

01.31

星期＿

己立才能真正立人

《愛的六字真言》，第 97 頁

初階菩薩主要關注於成辦自身的利益，但這並非反對利他，而是切實認識到了以自己目前的程度，實在無法立即實現自己能夠帶給他人巨大利益的祈願。

因此，初階菩薩的修行是以自利為始，繼而再精進於利他。

▶2010年底，法王噶瑪巴攝於噶瑪巴900年紀念法會上，背後為第一世噶瑪巴杜松虔巴之蠟像，右側為古老聖像。

2月

從愛一人到愛眾生

讓月亮做我的愛的保管人，
就像月亮傳送它的光芒擁抱整個地球，
將我的愛獻給每一個人。

農曆二月

	1	2	3	4	5	6
7	8 佛陀出家日 六齋日	9	10	11	12	13
14 六齋日	15 佛陀涅槃日 六齋日	16	17	18	19 觀音菩薩聖誕	20
21 普賢菩薩聖誕	22	23 六齋日	24	25	26	27
28 六齋日	29 六齋日	30 六齋日				

*佛陀涅槃日，各經典說法不同，漢藏說法亦不相同。
二月十五是漢傳目前通行的說法之一。

藏曆二月【具實月】(苦行吉祥月)

	1 禪定勝王佛日	2	3	4	5	6
7	8 第六世噶瑪巴 通瓦敦殿誕辰 藥師佛日	9	10 千劫佛日	11	12	13
14	15 阿彌陀佛日	16	17	18 觀世音菩薩日	19	20
21 地藏王菩薩日	22	23 大曰如來日	24	25 蓮師日	26	27
28	29	30 釋迦牟尼佛日				

觀心手記

02.01

星期__

生命平等而獨特

2010 年，生日開示

身為佛教徒，我們相信一切生命相互依存。
有我，才有他；有他，也才有我。
所有生命都是同樣地珍貴無價。

並不是說因為大象形巨，它的生命就比螞蟻來得有價值；
雖說它們的形體各異，但它們的生命卻同等地重要。

在自然界中，每一個生命體自有它獨特無可取代的作用。

觀心手記

02.02

星期__

善用身體

2010 年，《勝道寶鬘集》釋論

一個能夠修持佛法的暇滿人身，
如果不知道如何好好利用，
就會像入寶山空手而歸一樣，
平凡的死去，這是很可惜的。

觀心手記

無常的積極意義

2012 年，《三主要道》釋論開示

思維死亡無常，是積極的告訴自己，
每天都是一次全新的機會，我可以變得更好，
不好的狀況是可以改變的，重點是「把握改變的機會」。

觀心手記

善惡法則

《法王教你做菩薩》，第 68 頁

善有善報，惡有惡報，這是自然的法則，
正如水往下流、煙往上飄，並非能夠隨意地改變。
因此，我們應當瞭解善惡的因，然後行善止惡。

觀心手記

牢籠人生

2012 年，《三主要道》釋論開示

我們如果想要出離輪迴，
首先要生起「我要出離」、「我要解脫」的心，
如未生起這樣的心，繼續貪愛輪迴中的物質慾望，
是永遠無法出離的，就如牢中的囚犯，
如果不想要從牢籠中出離，就永遠不會有出離的一天，
因為他不會去找出離的方法。

觀心手記

態度的高度

《跟著走，就成佛》，第 131 頁

修行不是外在的形式，而是一種態度。

不好的行為，自然需要加以改變，
但是重點是改變自己的態度。

當你有了正確的態度，不一定需要改變生活方式，
你還是可以做同樣的事情，但這一切事情都會成為修行。

觀心手記

初學者的難與易

2005 年，宗門實修「四共加行」

佛法中提到，究竟的救護者是自己，意思是根本的痛苦要靠自己的努力才能消除。
但是，對於一個初學者來說，
一開始就要靠自己的力量、不依靠他人來消除痛苦，這是很困難的。

所以剛開始他需要有一個依靠與皈依的對象。
這個對象需要具備大能力而且真實無誤，
所以，佛陀開示了佛、法、僧三寶作為我們皈依的對象。

觀心手記

懺悔等於安全距離

《崇高之心》，第 80 頁

「懺悔」是讓自己與傷害性的負面惡行分離。

無論用何種方式來做口頭的宣告，重點是我們不會認為
只是靠著言語就結束了這件事，我們反而應該生起這樣的感覺：
「這是錯的。這樣的行為會造成傷害，我不想再重蹈覆轍。我永遠都不再做
同樣的事情。讓我盡己所能地遠離這些行為。現在，我將是個全新的人。」

如此，我們讓自己和有害的行為保持距離，或是讓自己與它們「分開」。

觀心手記

不該藏私的寶

2007 年，〈大手印五支證道歌〉開示

如自己有一個珍寶，我們不應該放著，
而應該展示給眾人，這樣才會眾人皆知。
收藏著的話，只有自己知道而已。

因此，為了成就自、他暫時和究竟的一切利益，
我們要把自己所做的任何善資糧，
迴向給盡虛空一切眾生都能夠成就圓滿佛果。

觀心手記

真正的相應

2012 年，第八世噶瑪巴
米覺多傑教言：《無死甘露妙樹》開示

令自己生起如同上師身口意三者同等的功德，
上師的功德和弟子的功德兩者沒有任何區別，
如果產生這個境界，
才稱得上是弟子與上師心意相融，才真正是與上師相應。

應該要把上師身語意的功德，
視為榜樣與典範，日日月月，慢慢地增勝增長。

觀心手記

小身軀大心靈

《跟著走，就成佛》，第 173 頁

雖然我們的身體好像只是小小一個，
但我們的心量卻可以跟虛空一樣廣大。

虛空有多大，我們無盡的善願和善心就有多廣，
所以虛空在哪，我們的善心就在哪，
因此福德也會是無盡廣大的。

觀心手記

喜樂的泉源

《崇高之心》，第 55 頁

生起一剎那珍視他人的心，
就能為我們帶來比賺錢更深的滿足感。
我們自己的良善特質是自身喜樂的豐富源泉。
就算我們只有一個利他的念頭，這即是感受到深刻喜樂的成因。
在我們自己豐美富足的心中，就具有快樂的豐沛資源。

觀心手記

微小而美

《跟著走，就成佛》，第 193 頁

真正的「菩薩行」，不在於做得有多大、多了不起，
而是應該不放棄任何微小、簡單的善行，
把握這些「菩薩行」開始去做，
也會比較有希望完成。希望大家這樣去思維。

觀心手記

情人節

02.14

星期__

真愛

《崇高之心》，第 66 頁

當你真心愛著某人，對你來說，他們是極為珍貴的，
就像你自己的生命一樣寶貴。
你甚至把他們看得比自己還重要。

但是，當你對人有貪著時，你認為他們存在於你的生命中
是為了滿足你的需求，或是為了讓你快樂。

02.15

星期__

觀心手記

你是明燈

《崇高之心》，第 276 頁

無論你在世界的哪個角落，你都能成為明燈，照亮你的周遭。
你永遠都有自己的光亮可以閃耀，你可以是一盞明燈，
不僅掃除你視線中的所有黑暗，
還能綻放出足以照亮你周遭世界的光輝。

02.16

星期__

觀心手記

執著還在否？

2007 年，〈大手印五支證道歌〉開示

證悟空性與否，
問題不在於外在的顯相是否被清除，
而在於自己內心是否還有執著。

當執著消除了，
外在的景象不僅不會造成空性的障礙，
甚至能夠成為空性的助緣。

觀心手記

只是看著妄念

2014 年，歐洲弘法行：大手印禪修

在念頭生起的過程中，「覺知」至為關鍵，要去看著、覺照著這個妄念的本質。

但此時會談到「妄念的本質」，此時不需要去分析「妄念的本質是什麼？」，只要很直接、直觀的覺知著，不需要刻意去分析是否為空性等，就只是看著。

若能做到，任何妄念煩惱都會因此失去力量、如同失去靠山一般。

觀心手記

02.18

星期__

做你自己

《崇高之心》，第 52 頁

無論從事的是什麼工作，你都必須給自己機會只是做你自己。
即使一天只有一次，你都要在每一天當中，找時間只做你自己。

這可以透過晨間或晚間的一小段時間的禪修，
或是安靜地思維，或是任何適合你的方式來進行。
重點是要和自己恢復連繫。

02.19

星期__

觀心手記

不可思議的知足

《崇高之心》，第 125 頁

知足是一種不可思議的財富，
我們不需要付錢去買它，或是在自己之外去追尋它。
而創造這個財富的自然資源，就是我們自心的內在富足。

知足是能夠提供最高滿足感的財富，我們只要去挖掘自己的內在資源，認識自己的心，就能夠得到它。

02.20

星期__

觀心手記

一起苦痛與快樂

《跟著走，就成佛》，第 45 頁

我們都生活在同一個地球上。
地球上有許多不同的宗教，也有不同的種族和文化歷史。
雖然有許多差異，但是共同點就是，
我們全都生活在同一個大地之上，同樣呼吸著氧氣。

由於我們就像是一家人，如果能夠同甘共苦地互相關懷、照顧，
我想這樣才不枉費投生在這個世界上。
遇到痛苦的時候，我們一起面對；
快樂的時候，不要只想到自己，而要和大家分享。

觀心手記

別口出惡言

《報告法王：我做四加行》，第 112 頁

有時為了利益某些人，的確是要說重話。
但我們大部分的惡言，都是因為瞋心而起。

要帶著慈愛之心而說惡言，這並不容易。所謂「己所不欲，勿施於人」，
我們應該想想，自己聽到惡言時的感受如何，別人的感受雖然不見得
完全和自己一樣，但也會造成類似的不舒服。因為，
眾生追求離苦得樂的欲求是一樣的。所以，不要口出惡言。

觀心手記

只有一個佛教

2012 年，第八世噶瑪巴
米覺多傑教言：《無死甘露妙樹》開示

我們是同一個佛陀，同一個導師，是同一個佛教，
因此我們不應去區別，不應產生分別心。
不論是大乘或密乘，不應去貶低小乘的法門及修持。

所有一切的佛法，唯佛菩薩才能了悟及明了，
並非是我們博地凡夫可以去揣測的，
所以不應去毀謗佛法，以及其他的傳承宗派。

觀心手記

小童心大豐富

《法王教你做菩薩》，第 87 頁

有時我們會變得驕慢。要遠離驕慢，可以這樣想：一切所知，
如同充滿了珍奇事物的大海，有個好奇的孩童在這大海邊玩耍。
有時他拾到的是美麗的白色石頭，有時是各色貝殼、或者是寶石。

不論孩子發現的是什麼，他都會手舞足蹈，興奮不已，但是他卻從來
不會自以為發現了大海中所有的東西。我們應該要像那充滿好奇心的孩子，
人生才會豐富。如果自以為是，將會失去很多的機會。

觀心手記

回首與向前

2002，有感而發

每一個人都有他自己生活的方向，在這條自己選擇的路上，
也將會遭遇到各式的問題與痛苦。
但無論發生什麼樣的困難，我們都應回首看看我們已完成的成就，
並下定決心繼續向我們希望的目的前進。

如此，將能夠幫助我們保持穩定。
我們愈能持之以恆，愈能發展出堅忍之心向我們的目標前進。
在到達終點、完成我們的目標之前，毋須在意痛苦與快樂的感受，
否則我們所追尋的目標終將沒有完成的一天。

觀心手記

02.25

星期__

通識教育

2008年，法王開示：「岡波巴四法」開示

我一直在想是否還有另一種途徑，
能夠讓初學者進入佛法？我想到的方法是通識教育。

佛法應該變成通識的教育，這樣能夠讓初學者省下很多傳統上嚴苛的師徒條件，
例如「視上師如佛，一切上師所做皆恩」的觀念等，而只要是跟隨一位
對佛法有基礎知識的老師，初學者都能學到佛法的基礎知識。
慢慢地當他對佛法有瞭解，下一步才有可能找到傳統具格的上師。
如果一開始要求就很高，反而會有反效果，甚至依止到邪魔歪道去。

觀心手記

02.26

星期__

生命的意義

《就在當下》，第16頁

無論是否相信輪迴轉世，如果能花點時間，去做利益自身以及他人的事，
我們每個人都可以過著充滿意義的一生。
最低限度，也應該找到可以帶領我們快樂過一生的方法。

如果我們背道而馳，只會製造痛苦，多麼可惜啊！這真是浪費自己的生命。
甚至可以說，那些讓我們衣食溫飽的人，
他們為了餵養我們所承受的一切苦難，都失去了意義。

02.27

星期__

觀心手記

唯一的修行目的

2014 年，春季課程

我們修行的目的，不是向外去得到什麼神通；
修行的目的，是降伏煩惱，調伏自心，
如果符合這樣的目的，而得到了成就，
那是值得開心的，
但如果不符合這樣的目的，就算得到了某些成就，
也不值得去重視。

02.28

星期

觀心手記

最殊勝的

2014 年，春季課程

「最殊勝口訣，就是擊破自己過失」。
噶當派的口訣非常多，而且都對我們很有裨益，
但其中最殊勝的口訣，
是指能夠擊破自己的過失、弱點的口訣。
同樣最好的善知識，就是能一語道破自己的弱點者。

觀心手記

不斷再生的能源

《崇高之心》，第 134 頁

無價、無條件的愛是有可能存在的。
除了獻出我們的愛，我們不需要任何更多的報酬。

愛是可以不斷再生的資源。對社會的福祉以及個人的成長而言，
學會不需原因或回報地去愛，對我們來説是極為至要的。

▶2012年底，法王噶瑪巴戴黑寶冠之事業寶冠，攝於噶舉大祈願法會前行法會。

3月

空性是諸佛之母

人類慾望無窮，我們應該為下一代著想，
所以要感恩生活中的一切，
帶著知足的心去感受。

農曆三月

	1	2	3	4	5	6
7	8 六齋日	9	10	11	12	13
14 六齋日	15 六齋日	16	17	18	19	20
21	22	23 六齋日	24	25	26	27
28 六齋日	29 六齋日	30 六齋日				

藏曆三月【具香月】

	1 禪定勝王佛日	2	3 第二世噶瑪巴 噶瑪巴希圓寂日	4	5	6
7	8 第四世噶瑪巴 若佩多傑誕辰 第十世噶瑪巴 確映多傑誕辰 藥師佛日	9	10 千劫佛日	11	12	13
14	15 阿彌陀佛日	16	17	18 觀世音菩薩日	19	20
21 地藏王菩薩日	22	23 大日如來日	24	25 蓮師日	26 第十五世噶瑪巴 卡恰多傑圓寂	27
28	29	30 釋迦牟尼佛日	31			

觀心手記

告白

2007 年，〈大手印五支證道歌〉開示

我時常想，自己生活在這個世界上，
我的存在如果能夠對這個世界、
對和我有關連的一切眾生直接有幫助，這是最好的。

但是如果不成，我還是要繼續活在世上，
為什麼呢？因為我活著的目的，就是為了別人，
我希望讓大家知道，世界上還有一個關心著大家的人。

觀心手記

03.02

星期__

另外的百分之五十

2014 年，大手印四共前行

當我們獲得暇滿難得的珍貴人身時，有機會修法並具備內外因緣，
獲得這樣特別人身時，這樣一來，成佛之路已經走了一半，
按照百分比來說，已經具足了百分之五十的圓滿，
另外百分之五十，就要靠我們的精進修法、
來攝取人身實義，不浪費此珍貴人身。
所謂「攝取人身實義」就是利用此珍貴人身，去行持成佛之道。

觀心手記

無常是我的老師

2014 年，《解脫莊嚴論》開示

無論外在人或事物以及輪迴一一剎那都不曾停歇，
一分一秒的轉變，都在為我們展現無常的本性、
展現世間萬物的真理，因此我們外在的一切所見所聞，
都是傳達無常的信息，就跟我們上師一樣，教授著很高深的無常之法。

只要是懂得修行的人，你可以從外在上師及一切人和事物上，
去瞭解到「無常理念」，從而去觀修。

觀心手記

帶不走的與跟著來的

《愛的六字真言》，第 45 頁

任何財富、權勢、名聲死後都帶不走，
只有善業、惡業會跟隨著我們的心識來到下一生，
那時，由於罪業所以墮入至惡道，由於善業所以投生善道或是得到解脫，
因此，能夠對我們下一生乃至於未來有幫助的，除了正法之外別無他法。

不用說來世，就看今生，也只有正法，
能夠對我們產生不論是短暫或是長遠的利益。

觀心手記

03.05

星期__

體認在數字之外

2008 年，「岡波巴四法」開示

修行不是概念上「喔，大概是這樣子」的理解就行的，
思維「死亡無常」與「輪迴過患」的道理時，
要能夠在心中真實體認到「輪迴的本質就是痛苦」，
要不然，就算前行法修了幾十萬遍，
但也只是一個數字，一種儀式，心中不會有感受。

觀心手記

03.06

星期__

三皈依

2014 年，《大手印了義炬》開示

皈依佛陀之後，就不再去依靠其他世間的神祇；
皈依正法之後，就要捨棄傷害眾生的思想與行為；
皈依僧伽之後，不與外道以及和外道同類的人為伍。

若能達到以上這些標準，這樣的皈依，
大概就算是包括一切顯密的道次第了。

03.07

星期__

觀心手記

成為新人

《我願無盡》，第 79 頁

過往的罪業一刀兩斷了，我是一個嶄新的人了！
要這樣的鼓勵自己，這樣的懺悔才有力量，
不然，光是嘴上念念懺悔文，但還是把罪業留在心中，
念念不忘過去的錯誤，只會讓自己一直痛苦，永遠無法開心。

把罪業、痛苦放在心中，一點好處也沒有，
放下過去的負面經驗，打開心胸積極去行善，這才是重要的。

國際婦女節

03.08

星期__

觀心手記

女性

《崇高之心》，第 92 頁

我積極地想要提高我對女性特有的痛苦的認識。基於此生我對母親的愛，
我的方法是，將世界上所有女性都視為我的母親，並且力求去利益她們。

女性面對著某些特定類型的痛苦，只是因為她們是女性。

將此生致力於終結他人的痛苦，是我決心要做的事，也是我的願望。

無論我的努力會有什麼結果，我都希望能夠將此生投注於解除女性的痛苦，
並改變女性面臨的困境。

觀心手記

福德與罪障

《我願無盡》，第 51 頁

遠離痛苦要具備各種條件和因緣的，而這些條件是什麼呢？
就是要積聚福德資糧，並且淨除罪障。

積資淨障是無法由別人代替你修的，
我們每個人都要親力親為的。

佛菩薩們就是最好的積資淨障榜樣，如果自己能去實踐，
好好積資淨障，自然我們離成佛就會越來越近。

觀心手記

隨行即相應

2012 年，第八世噶瑪巴
米覺多傑教言：《無死甘露妙樹》開示

所謂和上師心意相融、和上師相應，
並非說將自己的心變成別人的心，
而是，自己圓滿上師的心願，隨行上師身口意三門的功德，
自己如理如法的去行持，有朝一日，
當自己煩惱及所知障生起時，自然而然可以對治煩惱，
果真如此，自心中才會產生上師的功德和加持，
也才會和上師相應。

觀心手記

英雄無懼

《崇高之心》，第 157 頁

當內心懷著慈悲時，我們不會忽視他人的痛苦。相反地，
那時會有一種想要結束那個痛苦的急迫感，就好像在你腳下點起一把火一樣。
當你具有這樣的慈悲時，一看到痛苦，你就會想要跳起來，立刻以行動來結束它。
對於承擔其他人、動物，甚至地球本身的痛苦，你不會有絲毫恐懼和絲毫猶疑。
這就是我所謂的正確的無懼。這是真正的英雄會有的無懼。

觀心手記

信任是份禮物

《崇高之心》，第 221 頁

我們的信任可以像是對他人的最好祈願。
無論和他人之間在任何時刻發生了什麼，
我們希望他們幸福的願望都依然存在。

無論如何，人與人之間的關係在一生當中會有極大的演變，
而且日後總是會有進一步的變化。這是我對這件事的看法。
對我而言，我的信任是一件常存的禮物，一旦獻出了，
它就永遠不會被收回。

觀心手記

03.13
星期__

一念菩提

《我願無盡》，第 129 頁

菩提心一生起的時候，就已經具備了無量的福德。

為什麼會這樣呢？
因為一個真心利益眾生的人，面對任何苦樂發生時，
他心中唯有一個念頭，就是要利益眾生，
他無時無刻不在想著利樂一切眾生。

觀心手記

03.14
星期__

化一願為一天

2008 年，宗門實修「噶舉祖師教言」

我們每天的生活，最好也從發願開始。

就是早上一起來，心中憶念著皈依三寶的心，
發願自己一定要做利益他人的事情，
不做傷害別人的事情！
有了這樣的發心，這一整天，就會成為修行的一天。

03.15

星期__

觀心手記

對的時機

《崇高之心》，第 39 頁

無論我們有什麼，身處何處，那就是我們可以開始的地方。

很多人會有一種想法，
他們認為自己缺少那些可以讓他們開始去實現夢想的東西。
他們覺得自己沒有足夠的力量，或者沒有足夠的財富。

但是，他們應該要知道：任何時機都是對的起始點。
這就是空性所揭示的觀點。我們可以從零開始。

03.16

星期__

觀心手記

說謊者

2014 年，歐洲弘法行：大手印禪修

當我們產生負面情緒時，不需要感到恐懼或緊張，
只需單純看著它，覺知著它生起的過程和狀態，
此時這個負面情緒就會變得像是個說謊者一樣，
因為被看穿了，你的負面情緒也會覺得不好意思，
就不再有力量，變得微弱。

觀心手記

告別過去

《就在當下》，第 217 頁

不要對過去緊抓不放。
過去曾經發生的事不管好的壞的，
感覺喜樂或忿怒，都讓它們走吧。

過去已經結束了。把注意力擺在眼前，
這樣你才能夠去創造你所追尋的未來。
這是一個活得有意義的方法。

觀心手記

所謂的心滿意足

2005 年，宗門實修「四共加行」

我們從未得到滿足。

從一開始我們就在問：到底有沒有一個好的、正確的方法能夠得到快樂？
如此認真的去問、去思維、去找尋，這是非常重要的。
但是如果我們總是向外去找尋快樂的話，
快樂是很難得到的，心也無法得到滿足。

為什麼呢？因為所謂的「心滿意足」，不是靠外在的東西來填補的，
主要是發自內心的一種滿足感。所以我們應該回歸自心，向內找尋，向內觀察。

觀心手記

入住真正的和平

《就在當下》，第 136 頁

真正的和平，無法經由脅迫，
或只是引用「和平」的字眼而達到，
它只能透過訓練內心，

並學著培養內在的和平而實現。
和平，是一種內心平靜且溫和的狀態。

觀心手記

精益求精

2013 年，第八世噶瑪巴米
覺多傑教言：《無死甘露妙樹》開示

無論置身何時何地，都應該對佛法、善業不滿足，
而且還要進一步地去追求，
比現今的修法與成就功德更高更好的功德，
而去做努力精進。
這種「對佛法沒有滿足之心」是非常重要的！

觀心手記

痛苦如何誤你一生

2007，法王開示：痛苦

大多數人在面對痛苦時，會不斷不斷地去想著這個痛苦。把這個痛苦放在心裡面，無法放下。因為一直不斷地想著痛苦，一生也就延誤了。

想著痛苦的結果是只有讓自己更加地痛苦與傷心，事實上，比起不斷地在回憶痛苦，沉溺於痛苦，更有意義的事是我們應該換一個角度來思考，換一個方式來想，也就是要以正面的心去思維。自己其實也有快樂、福氣、福德的部分。這是我們應該珍惜的部分。

觀心手記

珍惜資源

2012 年，《三主要道》釋論開示

人類慾望是無窮的，以這樣貪得無厭的慾求濫用地球的資源，地球很快就會被我們耗盡了。

我們真要為我們的下一代想想，甚至只是為自己下半生想想都好。

譬如飲用水，那是人體不可或缺的，但現在很多地方都有水的問題，所以我常提醒僧眾，喝每口水、每一次用水都要珍惜，不要浪費，像非洲等很多缺水的地方，甚至要喝牛的尿。所以我們要覺得感恩，對生活中使用的、經驗的任何事，帶著知足的心去感受，就容易活得幸福。

觀心手記

讓我執吃虧

2014 年，第 31 屆
噶舉大祈願法會 ·〈修心八頌〉開示

當你遇到沒有道理加諸的傷害時，總之要不在乎一切怨害，
更積極的是說希望他就此滿足，
並透過此過程來清除自他一切罪障。

要想「吃虧失敗都由我領受」，但並非指悶著頭忍受，
而是要想說，將這一切吃虧，給自己的「我執」去領受，
讓這一切吃虧用在對治降伏「我執」上，
而將一切利樂用來「利他」。

觀心手記

心的黑白棋

2012 年，第八世噶瑪巴
米覺多傑教言：《無死甘露妙樹》開示

有人用白黑色的棋子來分別記錄善惡業。

過去噶當派的大師們，如果生起一個善念就放一顆白石子，生起一個惡念就放一顆黑石子，用來一日中生起多少善念，又生起多少惡念？然後慢慢地讓自己去改善。

我們也應該像這樣去修持，一天之中從早到晚要去看自己生起多少善、惡念，
一一去計數，去分別並改善。否則，一直都讓自己放逸散亂，修法只是口頭上說說，
既無法對治煩惱，言行也不相符合，最後一事無成，也和沒有修法一樣。

觀心手記

愛與信任

《崇高之心》，第 221 頁

當我們對另一個人的愛，
不是取決於任何他們給予的東西，或是他們做的事情，
他們就永遠無法給我們理由去停止愛他們。

當我們信任另一個人的基本良善，和他們身為人類的價值，
那麼這個信任就會深深扎根，深到足以經受得起任何風暴。

觀心手記

03.30
星期__

來日真的方長嗎？

2013 年，《百段引導文》開示

我們若要修學佛法，必須現在就在生活中起行。

我們可能會認為自己來日方長，
但我們必須今天就開始，而不是想著：
「喔，我明天開始，我隔幾天再開始，或是等我老了再開始。」
修持佛法現在就得做，不能推遲，必須當下就開始。

觀心手記

03.31

星期__

心不失控

2009 年，〈龍樹親友書〉開示

在「利他」之前，要先能「不害他」。
要控制得了自己的情緒，控制得了自己的煩惱，
否則雖有好發心，最後卻因自己的心失控，
反而傷害別人。

所以要如南傳經典所說，先從「不傷害眾生」做起。

▶法王噶瑪巴，攝於印度達蘭沙拉「上密院」。

4月

發菩提心感念祖先

眾生累劫曾為我們父母，
而我們幫助一切眾生由痛苦中解脫。
這就是慈悲。

農曆四月

	1	2	3	4 文殊菩薩聖誕	5	6
7	8 佛誕日 六齋日	9	10	11	12	13
14 六齋日	15 六齋日	16	17	18	19	20
21	22	23 六齋日	24	25	26	27
28 六齋日	29 六齋日	30 六齋日				

藏曆四月【薩噶月】

	1 禪定勝王佛日	2	3	4	5	6
7 佛誕日	8 藥師佛日	9	10 千劫佛日	11	12	13
14	15 佛成道日 佛涅槃日 阿彌陀佛日	16	17	18 觀世音菩薩日	19	20
21 地藏王菩薩日	22	23 大日如來日	24	25 蓮師日	26	27
28	29	30 釋迦牟尼佛日	31			

(而藏曆四月十五日為佛陀三重節，因為藏曆中四月為有佛誕、成道、涅槃三日)

觀心手記

無謂虛假

2009 年，〈龍樹親友書〉開示

佛說有三種語言，一種是「愛語」、甜蜜的話，像蜜一樣；
一種是「真實語」、這是真正美麗的語言，像花一樣，
這兩種聽了都令人心生歡喜，要多說這兩種語言；
第三種虛假之言，就像糞便一樣，我們應捨棄。

觀心手記

04.02

星期__

無人能代

2002，日中偶得

我們的生命是獨特的，沒有任何人能成為我們，或代替我們。
無論未來的生命是否存在，都無法複製出我們現在的人身。
我們現在的人身是珍貴的，更應智慧地善加利用。

觀心手記

別再拖了！

2014 年，《解脫莊嚴論》開示

不論過去、現在、未來，不論何種眾生，從未有眾生能免於一死，
死而復生者也從所未聞，我們無法確定自己的一生，但唯一可以確定的，
是無論是誰，都終歸一死。

我們的壽命無法增加、也不能填補，只會慢慢消耗而致最終消失，
因此，切莫將一切修法事業推遲到明天、後天，總是想著明日復明日，
而應當想著，要在此時此刻、在這個坐墊上，就去修持、去做事，
而不是總想推遲到明天、後天。

觀心手記

當下一念

2005 年，宗門實修「四共加行」

假如我的念頭是清淨的、尊敬的、慈愛他人的話，即會成為善業。
假如動機是我慢的、嫉妒的、對他人帶著惡念的話，即會成為惡業。
因此，所謂的業，並非只是前世所造作的，而是每一個當下都在造作。

觀心手記

貪著難出離

2012 年，《三主要道》釋論開示之二

只要對此生還有貪著，
做任何善業都還在輪迴中，都會落入世間八法。

所以一定要生起出離心，
否則任何修行都不能讓我們解脫輪迴。

觀心手記

動機純正很重要

2012 年，第八世噶瑪巴
米覺多傑教言：《無死甘露妙樹》開示

大家都是在聞思修持佛法，應該懂得甚麼是好，甚麼是壞，
甚麼應捨，甚麼應取，希望大家不要迷惑錯亂於取捨，
自己可以如理如法地修持佛法，同時也可以如理如法地指導他人善惡取捨。

然而這些，在最初仍需要一個發心，真實無誤的動機，否則如果動機錯誤的話，
那麼縱使你學習了二十年、一百年，也沒有任何意義，也不可能利益到他人。

世界衛生日

04.07

星期__

觀心手記

我們彼此相依

《崇高之心》，第 161 頁

當我們越來越清楚地認知到，我們是多麼深深地倚賴彼此，
我們對他人以及對地球的親近感，就能夠同樣地深刻。

深切地認知到相互依存性，
將降低我們的距離感和差異感，而且最終能夠消除它們。

這為我們將貪著的關心自我，
轉化成慈悲地關心世界所做的努力，提供了強而有力的支持。

04.08

星期__

觀心手記

只是時機未到

2014 年，《大手印了義炬》開示

皈依不能只是跟著念誦或是流於文字而已，應該要發自內心地信任三寶。

只要相信三寶，沒有什麼是三寶的慈悲救護不了的，在面臨此生
必定要成熟的惡業時，雖然會覺得三寶的大悲似乎也無能為力，
但是若能保持著信心，三寶定能在所有未來世中救護我們。

有些人在遇到一點不順心時就會抱怨三寶不慈悲，
然後把希望放在占卜、驅邪、醫療上面，這真是愚昧的表現。
如果眼前沒有出現三寶的慈悲，
那要怪自己沒有好好去祈請，三寶是不可能沒有加持的。

觀心手記

再見了！過去

《崇高之心》，第 81 頁

懷抱著罪惡感對任何人來說都是不好的。「我真是糟，我充滿了問題，我這個人真是糟透了。」如果我們執著這些對自己的看法，並且用我們的過錯來界定自己，那麼，在佛陀或任何人面前懺悔就沒什麼意義。懺悔包含了轉化——你決心要改變。這是你必須自己去做的事情，沒有任何人可以替你去做。

懺悔是過去和未來的分離。你懺悔，然後放手，如此，你就可以繼續前進，不再重複同樣的錯誤。

觀心手記

發心關鍵

《我願無盡》，第 127 頁

一個事情之所以成為善事的關鍵，在於最初的清淨發心，也就是說，這件事是為了利益一切眾生而做的；這件善行是否成為證得佛果的因，在於最後的迴向，也就是要將一切功德，迴向給一切眾生成就佛道。

觀心手記

不離上師

2006 年，
大手印與上師相應之修持要點

如果我們對上師的教授跟口訣能夠恒常不離、
如理如法地來修持，那就是真正的「不離上師」。

若能恒常不離、如理如法地修持，
我們才能夠真正得到上師的加持與上師大悲的攝受。

觀心手記

別錯過的好機會

《崇高之心》，第 251 頁

一旦我們開始真正地去重視他人的快樂，當能夠給他人快樂
或讓他人免於受苦的機會出現時，我們就會已經準備好可以付諸行動。

如果我們能夠培養一種隨時準備好去行動的心念，
我們將不會錯過任何可以利益他人的機會。

即使我們無法立刻可以擔保所有眾生都能得到幸福，但是，無論任何時候，
只要見到有機會可以利益任何眾生，我們都會迫切地等著要將悲心付諸行動。

觀心手記

04.13

星期__

一念善心

2012 年，第八世噶瑪巴
米覺多傑教言：《無死甘露妙樹》開示

有很多無依無靠的眾生，縱使我們只對他們生起一個善心，
對他們來說這也是一種恩德利益。

大家不要只想著一己之欲，要多為其他眾生著想，
如此你才會更加努力去修法，你的修持也才會利益到他人。

觀心手記

04.14

星期__

利益眾生

《我願無盡》，第 135 頁

佛菩薩的心意就是利益眾生，
祖師大德們的心意也只有利益生眾，
同樣我們身為一個修行人，就算只是一個小小的祈願，
也都應該要盡力地利益眾生；
因此，上師的心是如此，弟子的心是如此，
佛陀的心是如此，正法的目的也是如此。

04.15

星期__

觀心手記

菩薩的祈願

2012 年，
《三主要道》釋論開示之五

祈願分為兩種，一種是會實現的祈願，例如為利眾生願成佛的祈願，
另外一種是不會實現的祈願，例如我代一切眾生受苦、將自己快樂給予一切眾生，
這其實是不可能實現的一個願，但這種祈願可以幫助菩薩生起一種勇氣，

因此其實不在乎此願是否真正能實現，以這樣的一念心：「祈願我的快樂願給予
眾生，眾生的痛苦由我來承擔」，這樣的願，可以提醒、幫助我們升起勇氣，
為了眾生而更努力付出，更能成為一個菩薩。

04.16

星期__

觀心手記

常懷感恩

2014 年，〈修心八頌〉開示

我們所有東西，譬如衣服、食物，都是依靠他人才能得到，
甚至我們現在正在呼吸的每一口氣，
都是與其他生命息息相關、依靠他人才得到的。

因此任何時候，跟周圍事物和人接觸時，
都要帶著關愛和感恩之心，這是很重要的。

觀心手記

快樂的根本

2010 年，感謝萬緣，實修慈悲

我們任何時候，都要靜心，
靜心的意思，就是讓心安住，輕鬆的放著，
除此之外，沒有其他靜心的方法了。

我相信，能夠不跟隨突發的煩惱妄念而走，
這就是快樂的根本。

觀心手記

和諧關係

《就在當下》，第 157 頁

對你來說，不管什麼是好的、什麼是壞的，
如果你要好好的跟別人相處在一起，就要將心比心，
運用你自己的經驗，設身處地為他人著想，
並給予旁人他們所需要的。

使用你的常識與他人更和諧地相處！

觀心手記

失去主權的心

2009 年，〈龍樹親友書〉開示

知足能常樂，如果心能平靜、常安住在平等性中，
就會常常覺得很快樂；
反過來，如果容易受外境影響，
別人一句話，你就心如波浪，高下起伏，
這樣的心就會失去自主性，
喜樂痛苦都由別人、由外境決定。

觀心手記

傲慢的下場

2014 年，〈修心八頌〉開示

仲敦巴大師曾說：「傲慢的球上無法停留任何功德水」，
也就是說，人傲慢時，任何功德都無法增長，一切修持都無法進步，
因為他們會覺得「我已經夠好了，不需要再進步了」，因此封閉自己，
將任何進步的機會都斷除了。佛經：「放逸是一切過患的根本。」

因此，一個傲慢的人，是沒有機會進步的。
隨時保持低下，對他人保持尊敬、不能傲慢。

觀心手記

讓自己不那麼痛

2003 年，心的造作

在痛苦時要如何修行呢？我們不應沈溺在自身的痛苦中，
要時常思維別人所受的苦以及他人也如同我們一樣有各種痛苦，
並且想想要如何幫助利益他人，這麼去做時，自我的苦痛就會減少。

觀心手記

世界地球日

04.22

星期__

只有一個地球

《我願無盡》，第 148 頁

生存環境是無可取代的。所有的生命形式，以一種微妙的平衡，共存在地球上。

雖然有些棲息地，自然的就比其他地方豐足，
但是我們的濫用和污染蹧蹋了環境，它無國界的影響了整個世界。
為了每個人的生存，讓我們停止污染環境吧。
摧毀這永續供應我們眼前及未來世代的星球，
是多麼愚癡啊！讓我們一起來保護及捍衛這個地球吧。

觀心手記

顛倒的取捨

2013 年，第八世噶瑪巴
米覺多傑教言：《無死甘露妙樹》開示

不去思維他人的過失，而應想著自己的過失，這才是真正的因果取捨。

總之，平常我們總是指著別人的過失錯，而忽略了自己的過失，
因此所有的取捨都已經顛倒了，對因果的取捨也就有錯誤的觀念。

因此，首先，我們應反省、省察自己的心，看自己的心從無始以來，
總是伴隨著煩惱，要視煩惱為過患，為了讓煩惱可以斷除，
就想方設法去尋找煩惱的對治法。

觀心手記

生生怨敵世世親

《法王教你做菩薩》，第 90 頁

在不斷的輪迴中，每一個眾生都曾做過我們的父親、或是母親。
因此，每一個眾生都應是我們慈悲的對象。
但相對地，也可以說，在生生世世的流轉中，沒有一個眾生不曾做過我們的敵人。
如此看來，所有的眾生都曾經是親人、也曾經是敵人。

因此，貪愛某些人或是憎恨某些人就不合理了。
當如此看到親人與敵人的平等性時，
我們應該以大慈悲心的軍隊，來平息內在瞋恨的敵人。

觀心手記

快樂並不複雜

2012 年，《三主要道》釋論開示之三

我覺得快樂不需要想太多，快樂其實是一件很容易懂的事，
越簡單、越單純的，就是越甚深、越真實的快樂。

我們常以為快樂就是越複雜的、越新的、
以前沒有的事物，已經得到的就覺得沒什麼。

其實快樂就是我們早就有了的，但我們忘了它有多珍貴，
不再珍惜它了，反而冀求新的東西，不斷的向外去追尋。

觀心手記

敵人何在？

2013 年，第八世噶瑪巴
米覺多傑教言：《無死甘露妙樹》開示

對我們佛教徒來說，外在並沒有任何的敵人，
真正的敵人要指向哪裡呢？我執。我執才是真正的敵人。

如果不把我執視為怨敵，反而卻把外在一切視為怨敵的話，
這也就證明你的修為並不算很高，證明你沒有什麼好修持。

觀心手記

利人利己

2014 年，
歐洲弘法行：如何讓人生有意義

我想每個人開始最重要的，就是找到人生的目標，要清楚你的人生方向和價值，
這目標不能定得太短，要長遠，也不能僅為自己，而要想著眾生。
因為我們生命當中一切的苦樂，都和他人息息相關，我們和眾生是不可分割的。

因此，當你只想利益自己時，人生的意義已經無法達成，
因此要具備利益他人的心，這是很重要的。

04.28

星期__

觀心手記

培心工法

法王開示：
第 21 屆噶舉大祈願法會開示節錄

我們應瞭解心靈具有良善的特質。
為了培養這些良善的特質，
我們必須藉著良好的環境的鼓舞，使我們的心較容易發揮這些特質。

例如，由於我們與精神導師的關係，我們獲得培養心的良善特質的指導，
借著這些指導，讓我們能培養心的良善特質。

觀心手記

上上卦

2009 年，〈龍樹親友書〉開示

最近很多弟子喜歡跑去找上師問卜，
請上師「禪觀」一下吉凶。

其實佛陀 2500 年前就幫我們卜了一卦，
那是最靈最重要的一卦，就是「善有善報，惡有惡報」。
最好的供養，就是心中勤修戒定慧三學，
要有因果觀，這才是我們真正要相信的卦。

生存條件

2005 年，宗門實修「四共加行」

一個人沒有貪、瞋、癡還是可以存活，
但是，如果一個人沒有慈心、愛心的話，
他將無法生存。

觀心手記

▶2013年底，法王噶瑪巴在聖地菩提迦耶「蓮師法會」主持修法。

GYU MONLAM

5月

憶母思眾生之月

善思如母眾，難忍無量苦，
憶念蒼生情，世世永不離。
希望大家也能如此發願

農曆五月

	1	2	3	4	5 端午節	6
7	8 六齋日	9	10	11	12	13
14 六齋日	15 六齋日	16	17	18	19	20
21	22	23 六齋日	24	25	26	27
28 六齋日	29 六齋日	30 六齋日				

藏曆五月【作淨月】

	1 禪定勝王佛日	2	3	4	5	6
7	8 藥師佛日	9	10 千劫佛日	11	12	13
14	15 阿彌陀佛日	16	17	18 觀世音菩薩日	19	20
21 地藏王菩薩日	22	23 大曰如來日	24	25 蓮師日	26	27
28	29	30 釋迦牟尼佛日				

觀心手記

工作的目的

《愛的六字真言》，第 119 頁

我們是為了自身的幸福快樂而工作；
但在工作中，有時我們寄望於某種未來的利益，
而讓自己在工作的過程中間，承受巨大的壓力與痛苦。

這真是諷刺啊！這樣的矛盾肇因於我們忘卻了
我們之所以工作的目的、忽視了我們之所以做當下正在做的事情的原因。

其實，我們是為了自身的幸福快樂而工作，
因此工作是我們自己的選擇與責任。

觀心手記

發心的基地

2014 年，歐洲弘法行：「四加行」

「修行佛法」，就是訓練自己在發心上、在行動上，
成為一個具有慈悲心，不傷害他人的好人。

因此，要達到如此的修行目的，
我們現在具備的這個「人身」就格外重要，
因為他可以幫助我們成辦有意義的大事，
不僅是利益自己，更能利益到無量的生命。

觀心手記

享受改變

《崇高之心》，第 74 頁

「改變」是生命不可或缺和必然的一部分。
你可以承認和接受這個事實，然後去思維：雖然這並非你自己做的選擇，
但是改變不一定總是不好的。

其實有時候，我們會欣然接受無常、享受無常。看著季節的變化，欣賞它的美。
看繁花盛開、葉子由綠轉黃，冷風又把樹葉帶走，留給我們蕭瑟之美。
這些改變，都是生命的韻律中自然的一部分。每一個階段都帶來了不同的清新之美。

觀心手記

蝴蝶效應

2014 年，歐洲弘法行：「四加行」

「因果業報」不僅僅告訴我們個人行為的重要性，
也闡述了人與人之間，或者人與萬物之間的緊密關連性，
一個人的行為，可以影響社會，甚至改變整個地球。

因此，那怕只是一個微細的心念，
都可能造成一個完全不同的人生，可能改變一切。

觀心手記

八種盲目

《法王教你做菩薩》，第 52 頁

我們的修持是否能產生效用，
端看有沒有捨棄對此生的俗慮，也就是捨棄世間八法。

當談論到世間八法時，我們應該瞭解需要斷除它們的原因為何，
而不只是在文字上對利、衰、譽、毀、稱、譏、苦、樂此八種俗慮的理解。

世間八法代表著我們對俗世的八種盲目執著，不論所執著的是悅意
或不悅意、好或壞、有益或有害，這種未經思維理解的盲目執著，
會擾亂我們的心，最終讓我們充滿憂恐——這即是我們要斷除世間八法的原因。

觀心手記

名為佛法的

2013 年，第八世噶瑪巴
米覺多傑教言：《無死甘露妙樹》開示

在我們心緒之中的煩惱，不管修什麼法，
都要讓它成為煩惱的對治法；
若不能成為煩惱的對治法，那就不能稱之為佛法。
即使它在名相上被冠名為佛法，但在真實上它並不是佛法。

所謂佛法，是要有利益、有幫助，能成為斷除煩惱的對治。

觀心手記

觀照很重要

《法王教你做菩薩》，第 66 頁

修持的過程當中，我們需要依靠佛、法、僧三寶；
但最終能否得證圓滿果位，仍然取決於自身的努力。
因此，主要還是自己要負責。

其根本在於自己有沒有正確地去行持，有沒有向內去觀照自己的心，
有沒有仔細地去觀察，有沒有正確地去取捨。
而這個，才是我們皈依的究竟根本之處。

觀心手記

千年暗室的明燈

《我願無盡》，第 84 頁

心就像田地，不善業如同種子，未來惡業的成熟，
就像是種子發芽、茁壯並結果。

現在不善的種子沒有開始生長，而是以隨眠的方式存在。
因此，如果能夠馬上發露懺悔，這種不善業的種子，就沒有發芽的機會。

就好像在一個黑漆漆的千年暗室裡，只要點一盞燈，
就能夠讓這上千年的黑暗，剎那間重得光明；無論我們的罪業有多深重，
只要能夠生起對治惡業的善心，罪業就能被消除。

觀心手記

善根的有效期限

《我願無盡》，第 135 頁

我們的一點點善根，
如果迴向給一切眾生成就佛道，直至未成佛之前，
善根都不會壞失，而且還會不斷增長。

如果行善之後沒有迴向，之後生起後悔之心，
或者生起傲慢之心，到處吹噓自己的福德，
善根就有可能壞失。

觀心手記

死板板與活生生

2014 年，《解脫莊嚴論》開示

噶舉傳承中常說：「師心我心無二祈加持。」
所謂的「無二無別」，是指上師心中的慈悲、學問、菩提心等功德，
弟子也試著在自己心中生起同等功德，當有天真能跟上師一樣，
也具備了和一樣的慈悲、智慧等等功德的話，才是「師徒之心無二無別」。

重點還是實修，非常重要，沒有實修的話語是死板板的，
有實修的話語是活生生的，例如一個總是生氣的人說出的忍辱一樣，
是沒有任何力量的，若說的跟做的一樣，才有力量。

觀心手記

真正的悲心

2013 年，生日開示

所謂的悲心，它並不是一種同情心，
也並非只具有認知就可以了，
它是要將自己視為是對方的一部分，
對方的苦樂和自己緊密相連，對他人的苦樂感同身受。

真心摯誠的接受它，並且為了讓他眾能脫離痛苦，
而刻苦精進。這樣才可以稱得上是慈悲心。
所以，一定要生起這樣的發心。

觀心手記

成為良藥菩薩

2006 年，開示：照顧病人

身為菩薩行者，不是時常都在祈願能夠成為良藥，
能夠去除眾生的病痛嗎？不是都經常這樣發願的嗎？

所以我們要能去照顧病人，無論是用修法祈福的方式，
或是真正地去幫忙，實際地去照顧病人，
對我們的修行來說，是很重要的。

觀心手記

願心與願行

2012年，第八世噶瑪巴
米覺多傑教言：《無死甘露妙樹》開示

如果你想要得到解脫獲證佛果，
最初就要生起利益一切眾生的思維。

為了生起這種思維，必須要落實於行為，
而不僅僅是發心就可以的。

僅僅發願，不可能獲證佛果，
還必須要入菩薩行進入真正的修持，否則，無法成就佛果。

觀心手記

生生世世

2012年，第八世噶瑪巴
米覺多傑教言：《無死甘露妙樹》開示

修法者，並非只是為今生，
也不是短短一百年、一千年，
也並不是為了自己，修法是生生世世，
從今生此刻開始，直至獲證菩提，
為了普天下所有眾生的福澤和快樂，
這是一個非常長遠、且偉大的願望。

觀心手記

緣在你我之間

2012，《三主要道》釋論開示

每個生命之間善與惡都是互相影響的，
善惡因果的互相影響是很緊密的，
譬如一個人的善惡心行，就會影響整個地球。

我們現在稱地球為地球村，不是地球縮小了，
而是人與人、生命與生命的關係變緊密了，
透過網路和科技，可以很快地溝通和建立關連性，
只要一點點善、一點點惡，很快就會影響到其他生命。

觀心手記

安住當下

2003年，上師與弟子

讓心放輕鬆，不想過去，不想未來，
就安住在當下一念的心中，
安住在那一念清晰、覺照的心。

觀心手記

自他平衡很重要

《崇高之心》，第 49 頁

掌握住「為自己」和「為他人」之間的正確平衡。

只有在把自己和他人的幸福都包含在內的情況下，
你自身的利益和自己的人生，才有可能得到平衡。

任何一項健全的計畫或工作都必須要有想要去利益他人的渴望。如果一項工作是以自我為中心和充滿私心，那麼就十分難以達到平衡和維持平衡了。必須照顧好你自己，但不要完全漠視他人。你的成就無法建立在犧牲他人下達成。

觀心手記

知足不在外在

2012 年，第八世噶瑪巴
米覺多傑教言：《無死甘露妙樹》開示

所謂的知足，並非在於擁有多少的東西，
比方說轉輪聖王若能知足的話，即使擁有很多東西，
他也可以知足。因為是內心的知足，而非外在的擁有。

即使把外在的一切東西都拋棄了，但內心不知足，
這也是無益的。最主要是斷除我執，斷除執為我所有，
就像當下一種知足的心！

觀心手記

心態改變世界

2012，《三主要道》釋論開示

我們要謹言慎行，言行源自於心態、動機，
因此我們要謹慎面對心態，好好調伏自己的心性，
才有可能把世界改變的更好，
所以個人的行為是非常重要的。

觀心手記

虔誠不是一種文字

2007年，〈大手印五支證道歌〉開示

我希望各位的心中，能夠具備真實的虔誠心。
事實上，真實的虔誠和信心，不需要什麼原因和解釋，
它是自然的，一見到上師身的功德，心自然就轉變，而生起虔誠心。

虔誠，是證悟究竟實相最近的一個法門，因此，如果虔誠是靠文字語言
能夠造作出來的話，那可能每個人都已經證得法性實相了。
因此，虔誠不是文字，而是自心的改變。希望各位的心能夠改變。這是我的祈願。

觀心手記

生生滅滅又一天

2009 年，〈龍樹親友書〉開示

其實每天當中，我們已經經歷無數的「死亡」了。一般定義人的一生，是指從出生到死亡，仔細體會一天當天，會有無數個生滅。

從一天的生滅，可以體會一生的生滅，體會身邊細微的無常生滅，更可以幫助我們把握每個當下。

每個生滅的當下，組成了所謂的一生，所以珍惜每個當下，對這一生多麼重要，把握每分每秒的平靜快樂，累積成快樂的大海，這樣一生才不浪費。

觀心手記

修行不是消遣

2008 年，「岡波巴四法」開示

真正的修行是什麼？修行是要實實在在地去做的。
修行不是一種消遣，也不是按摩。
什麼是按摩？就是身體痠痛了才會想去做的事情。

同樣，我們很多時候都是遇到了痛苦才想到修行。
這代表我們並沒有把修行當作是最重要的一件事。

觀心手記

願力原來還不夠

2014 年，《解脫莊嚴論》開示

可能是我們渴望得到解脫遍知佛果的心還不夠強烈，
願力不夠大，所以是找不到善知識。

如果在我們心中，如同往昔大成就者有強烈想要脫離苦海、
求得證悟的心的話，一定可以找到一位具德上師。

觀心手記

貪愛執著很麻煩

《法王教你做菩薩》，第 92 頁

如何捨卻貪著之物呢？
在日常生活中，我們會體驗到種種感官的情境，
當我們開始注意到某樣事物，並且覺得對它有所貪愛時，應該當機立斷地捨卻它。

為什麼這麼做呢？因為去除所貪愛的事物，是一個有效斷除煩惱的方法。
以我自身為例，只要得到了自己喜歡的東西，我就會馬上想要送人。

因為執著貪愛的東西，只會給自己製造出很多的麻煩。

觀心手記

05.25

星期__

眼花撩亂的背後

2008 年，「岡波巴四法」開示

自心當中想要修行的空間，總是空空蕩蕩，
俗世的空間卻琳瑯滿目，讓人眼花撩亂。

因此，為了要讓自心向法，
我們不要對今生短暫的財富、地位與名聲太過於執著，
而是要尋求來生更長遠的快樂。

觀心手記

05.26

星期__

光說不練是假貨

2014 年，《解脫莊嚴論》開示

善知識有兩種：「教學佛法」的善知識及「引導實修」的善知識，
教學佛法的善知識學識淵博，因此能夠給予很多教授，
跟隨好好聽聞就可以，會得到很多知識。

而引導實修的善知識，一定要是一位知道何謂取捨，能夠讓學生完全信賴依止的上師，這樣的上師，就必須要有修有證，只是嘴上會說是沒用的，他能以自己實修的經驗來教授實修之道，且他的心和法融合為一，這就是引導實修的上師。

觀心手記

堅定

2010 年，《勝道寶鬘集》釋論

很多人都希望成為一個好的修行人，
但僅僅是口中說說沒有用。

最重要的是，要有堅定的誓言，
不論遇到痛苦的、快樂的、甚至遇到死亡、活著，
各種善惡情況，都要能夠全力以赴、專心一致的達到目標，
身為一個修行人，這種決心是不可或缺的。
總之，焦點在於自心，要有決心。

觀心手記

就此安住

2010 年，感謝萬緣，實修慈悲

我們每一個人，不會沒有痛苦，
就算現在沒有，未來也可能會受苦；
快樂，就算現在沒有，將來也會有的。

重點是，無論遭遇任何情況，
我們要能安住在各自的自性本質當中，
安穩的、輕鬆愉快的安住，這是非常重要的。

觀心手記

讓你我相映

2014年，
歐洲弘法行：如何讓人生有意義

當你只想利益自己時，人生的意義已經無法達成，
因此要具備利益他人的心，這是很重要的。

我發現到，當你無法在自己身上找到人生的價值或意義的時候，
你可以換個角度，其實可以從其他人身上找到意義和價值，
讓你自己如同一面鏡子，透過你，
反映出其他人的好處、價值和意義。

觀心手記

05.30

星期__

諸佛眾生的等式

2000年，修行不可無眾生

在修持的每一次第中，眾生都是助緣，因為他們是我們開展慈悲的對象。

佛陀與菩薩眾的證悟均非為了一己，而是為了一切眾生的利益，
眾生也就是他們慈悲的聚焦所在，佛陀與菩薩聖眾若只是為一己之利益，
是絕不可能達到圓滿證悟的，因為證悟與一切眾生是相關聯的。

所以眾生是非常重要的，也可以這麼說：「諸佛與眾生對我們的慈悲是相等的。」

05.31

星期__

莫捨眾生

2010 年，《勝道寶鬘集》釋論

不論直接或間接，切記不要捨棄任何一個眾生。
有時我們自稱為大乘的行者，一邊受菩薩戒，
卻一邊捨棄著眾生，這是不好的。

觀心手記

▶法王噶瑪巴攝於印度佛陀初轉法輪的聖地鹿野苑。

6月

法王生日月

生日是憶念與感恩的一扇窗，
感謝父母、家人等所有維繫我們生命的人，
感謝他們的慈愛與恩德。

農曆六月

	1	2	3	4	5	6
7	8 六齋日	9	10	11	12	13 大勢至菩薩聖誕
14 六齋日	15 中元節 六齋日	16	17	18	19	20
21	22	23 六齋日	24	25	26	27
28 六齋日	29 地藏菩薩聖誕 六齋日	30 六齋日				

藏曆六月【明淨月】

	1 禪定勝王佛日	2	3	4 轉法輪節 （佛初轉法輪）	5	6
7 第九世噶瑪巴 旺秋多傑誕辰	8 藥師佛日	9	10 蓮師誕辰紀念日 千劫佛日	11	12	13
14 第三世噶瑪巴 讓炯多傑圓寂	15 第十六世噶瑪巴讓 炯日佩多傑誕辰 阿彌陀佛日	16	17	18 第五世噶瑪巴 德新謝巴誕辰 觀世音菩薩日	19	20
21 地藏王菩薩日	22	23 大日如來日	24	25 蓮師日	26	27
28	29	30 釋迦牟尼佛日				

觀心手記

幫助孩子看到

《崇高之心》，第 212 頁

年紀小的孩子們是很好問而好奇的。
他們會試圖自己去解決事情，所以向他們解釋為什麼我們要給他們那樣的指示和引導，可能效果會很好。與其去指使他們的行為，或者以外在的權威將紀律強加在他們身上，還不如幫助他們看到，用某種方式行事的結果是如何。

我們的長期目標，是讓他們把這樣的價值觀視為自己的價值觀，而不是帶著認為它們是外來強加的東西的想法來經歷這一切。

觀心手記

這個機會很重要

2014 年，大手印四共前行

當我們已經獲得珍貴人身時，就要自我審視觀察，
自己有無具足修法順緣、有無機會去修持佛法？
從而對「能修法的人身」生起定解，
並對「有修法機會」感到歡喜及湧起殊勝感受，
我覺得這很重要。

觀心手記

無常創造機會

2014 年，《解脫莊嚴論》開示

「無常」未嘗不是一件好事，因為是「無常」創造了機會，
在每分、每秒中，我們都有新的機會，都是嶄新的一頁，
可以讓我們去轉變，去把握。

過去都已經消逝，因此不要將心力耗在過去之上，即使你早上是作惡多端的壞人，
但下午仍有轉變機會，就算上半生作很多壞事，不代表下半生不能透過懺悔去行善。
因此，從正面來講，無常是件好事。

觀心手記

自力救濟

2014 年，歐洲弘法行：「四加行」

真正的力量來自於自身，「因果業報」就是自己的力量。
因此可以說，自己就是自己的救怙。

真正的力量是什麼？
就是自己的心念，就是那一念善心。
我們都要懂得愛惜自己，相信自己善心的力量，要有大的擔當。

觀心手記

環保只有一種

2013 年，菩提道次第—宗喀巴大師之三主要道

有時我們會把「環境保護」和每天的日常生活區分開來，
覺得那是另一種行為、另一種保護，但其實環境的變化
跟我們生活息息相關，若我們不改變每天的生活型態，
而額外花時間去開環保會議、做什麼環保活動，則兩者根本是南轅北轍。
要從個人每天行為和心態去改變，
讓世界大家庭變得越來越好，這才會對環保更有利益。

觀心手記

痛苦是種順緣

2012 年，第八世噶瑪巴
米覺多傑教言：《無死甘露妙樹》開示

如果沒有痛苦和違緣，
你就很難對輪迴生起厭離心及出離心。
若要對輪迴生起出離心，
一定要去思維觀修輪迴的痛苦，
其實痛苦對我們來說，是非常大的順緣。

06.07

星期__

觀心手記

生活要訣

2008 年，「岡波巴四法」開示

懂得降伏自心，你的生活就是修行，就是佛法。

因此我想說的是，如果心中沒有佛法，
就算有修行的樣子，那也只是表演而已。

06.08

星期__

觀心手記

完整的三寶

2006 年，宗門實修「四不共加行」

即便皈依了佛寶，並且知道法寶是脫離恐懼的方法，
卻沒有實際修持的話，還是無法解脫。同樣，雖然依止法寶，
想要開始修持，但是卻沒有正確的僧伽或可稱為友伴、善知識、法友的人，那麼
一開始會不知所措而無法入門。因此，我們一定要皈依完整的三寶，缺一不可。

所謂皈依處唯有三寶，並且是完整無缺的三寶；
這在我們做皈依時，是最重要的一個部份。

觀心手記

06.09

星期__

用善良當你的拐杖

《我願無盡》，第 85 頁

就算我們只是在做一個小小的善行，
但如果發心希望藉由這個善行，迴向淨除所有的罪業，
意思是讓這個善行成為罪業的對治法的話，
就愈有力量淨除罪業。

這就像是「在哪裡摔倒，就要在哪裡站起來」一樣，
我們在三寶、眾生身上造了種種惡業，
所以也就要透過對於三寶和眾生的善行來淨除罪業。

觀心手記

06.10

星期__

難得善心

《我願無盡》，第 89 頁

一般凡夫深陷輪迴的痛苦中，要生起一點點善心都很困難。

但是，在如此困難的情況之下，還是有人願意生起善心，
甚至行持廣大的善行，實在是非常了不起的。

因此，我們對於即便是一個微小的善心、善念的生起，
都應該要去隨喜，不應該輕視。

06.11

星期__

觀心手記

解脫不只是感受

2014 年，《解脫莊嚴論》開示

修法有時也會覺得藉由看書來修行或學習時，會有一些效果，覺得有些感應等等，但佛法的所有利益，是無法通過自學達成的、也無法依靠自學打下紮實的基礎。

最終目標固然是為了解脫，但「獲得解脫」並非只是一種感受，而是心的究竟果位、心的本性和真理，因此這些真理、究竟、本性，是不能透過自學就能了知的，
更別提獲得佛陀的果位了。因此一定依止有經驗的上師、善知識，並與善友同行，
這樣自己才能夠成就最終獲得佛果的大目標、大願望。

06.12

星期__

觀心手記

無我得慈悲

2002 年，真實的慈悲心

我們尚未展露真正的慈悲心，原因是什麼？
就是因為對「自己」的執著，凡事皆以「我」為重，皆以「我」為先，

直到真正去除對「自我」的執著，不再以「己」為重為止，
真實的菩提心、慈悲心才可如實發展，
因此，慈悲心、菩提心的長養是必須的。

觀心手記

功德暖暖包

2014 年，〈修心八頌〉開示

有時我覺得，我們自己修持的善功德，就像是天冷當中的暖暖包，首先要能暖和你自己。如果你的善功德連自己都溫暖不了，還想要去溫暖別人的話，是不可能的做到的。

第一步在修行、修善時，要帶給自己快樂，讓自己有勇氣，去生起信心、希望，若自己的善心連自己沒感覺，暖不到自己、代表自己也不重視他的話，成為冷冰冰的東西，那就對自己沒用，對別人也沒用的。

觀心手記

此生敵人前世父母

2010 年，生日開示

世尊曾於《菩薩經》中説過，所有一切眾生都曾經做過我們的父母，都曾經賜予我們生命，也曾經養育過我們。

重要的是，要記得你此生的敵人，或許在過去的許多生中，也曾是你慈愛的父母。

觀心手記

快樂如何倍增？

2006 年，談與波卡仁波切之法緣

當我們的發願心量愈廣時，我們獲得的快樂愈多、愈穩固。
同樣的，我們將愈有能力面對及承受各種的痛苦。
我希望大家都有如是發願，有能力面對苦痛，
也才有能力擁有穩固的快樂，這才算是個圓滿的人生。
希望大家心中都能擁有這堅強的快樂。

觀心手記

原來我是那麼依賴著你

《崇高之心》，第 197 頁

我們每一個人都要倚賴無數的因緣讓我們得以生存。

相同的，這個相互依存的法則，
意味著我們的存在也是其他人的幸福和快樂的助緣。

我們的生命就存在於完全而持續的相互關連的情況下，
這也就表示，我們所做的每一件事情，都會對他人有某些影響。

觀心手記

06.17

星期__

管好你的心

2008 年，宗門實修「噶舉祖師教言」

我們的心老是向外跑，如果我們不適時把這個心叫回來的話，
那麼有一天你會發覺：「你已經管不了它了！」這就好像一個孩子，
你如果放他出去外面遊蕩，放肆太久，就很難再管他了、約束他了。

我們的心，如果你再不趕快把它叫回來，
它會變得越來越頑強，越來越頑劣，就不聽你的話了。
你的心就不再聽你的，不再聽自己的約束。
這是很奇怪的，卻是真的，所以，請各位管好自己的心。

觀心手記

06.18

星期__

要正面思考

2014 年，《大手印了義炬》開示

任何一人只要是凡夫，都會有很多過患、問題、錯誤，
沒有人是完人，但是對我們身為修行者來說，
我們真正要達到的是，
當我們面對其他人和自己的不圓滿時，
都要試著從正面思考，而不是負面思考，
這是一個修行人的根本要素。

觀心手記

法王生日

2010 年，生日開示

在我生日的這一天，我不應只是想著自己，標榜出我在過去這一年中的成就，
或是過去這十年中的，甚至是過去這二十五年中的事跡。

反倒是，我該好好想想我為什麼存在，什麼是我此生的目的。

雖然，我仍然在這樣思考與學習的過程當中，
但是，我卻已經因他人賜給我無量的愛與慈悲而感到震撼。
我所獲得的，遠遠超過我所給予的。

觀心手記

體驗心靈

《崇高之心》，第 228 頁

我們一定要親自去經歷探索生命意義的過程。
這無法由別人來交給你，機器不能給你，其他人也無法給你。

我們如果沒有親身直接參與，僅是只有宗教，無法為我們解決生命中的重大問題。
這也就是為什麼個人經驗在我們的心靈之道中占有如此重要地位的原因。

我相信，當我們帶著所有我們的體驗走在這條道上時，
心靈之道對我們最能產生實際有力的影響。

觀心手記

痛苦在問你

2010 年，感謝萬緣，實修慈悲

痛苦是什麼？痛苦絕對不是個「答案」，痛苦其實只是一項「提問」；
當一個新的痛苦來臨時，其實是在問你：「該怎麼做？」，
因為這個新的狀況，「你會驚慌失措而放棄？」
還是「我怎樣才能不灰心地繼續前進，
讓這些痛苦成為增強自己勇氣和信心的助緣和莊嚴？」
你應該這樣問問自己，這種思維是很重要的。

觀心手記

修行是一種轉變

2005 年，修心就是一種轉變過程

修心就是一種轉變過程，徹底根除各種惱人的情緒。
我們一定得經過學習，知道經由修心的方法，
我們有能力、有力量面對各種煩惱的生起。

如果認為修心、修行就是什麼都不做，或找機會休息是錯誤的想法。
修心是學習認出各種挑戰，面對它們，並且解決內心的衝突。
這樣才能從內心煩惱中和外在的困境中解脫出來。

觀心手記

修行知己

2010 年，《勝道寶鬘集》釋論

上師就是「善知識」，「知識」就是朋友的意思，
然而佛法的朋友還要加一個「善」，意指是一個善良的朋友。

上師、善知識不是一般世間的親友，
而是在佛法修持上的一位善良的知己。

觀心手記

虛妄與本有之間

《報告法王，我做四加行》，第 59 頁

比起妄念造作而成的千百種修持，
自然、本有的一念功德是更加殊勝的。

因此，對於我們本具的功德，那一念慈愛之心，
我們要好好珍惜，並且將之昇華到佛法當中，
這會非常的好。

觀心手記

06.25

星期__

恆順眾生

《我願無盡》，第 107 頁

「恆順眾生」要帶著知所取捨的智慧，
隨順、鼓舞、增長眾生的慈悲與善處，
但不要隨眾生的無明與習氣起舞，賠上自己修行。

觀心手記

06.26

星期__

生日是一扇窗

2010 年，生日開示

生，是生命之始，
它是我們經驗世界與實現獨特潛能的一扇窗子。

生日是憶念所有維繫我們生命的人，
如父母、家人、朋友、老師、乃至所處的整個社會與環境等，
他們的慈愛與恩德的日子。

06.27

星期__

觀心手記

堅持的重要

2008 年，「岡波巴四法」開示

不管遇到任何考驗挫折，堅持修行是非常的重要。

因為內心的力量，或者稱為內在的修證力量是很大的，
它能夠細微地、慢慢地改變我們的心。

雖然不會馬上有什麼驚天動地的大改變或感覺，
但是如果你堅持下去，總有一天你將能夠調伏自心。

06.28

星期__

觀心手記

行動力的心印象

2007 年，參加祈願法會應有的心態

雖然說積福不一定是外在身口的行為，
但是身口的實際行動愈多，心中的印象就愈深刻。

因此，除了具有善心的種子之外，
若能有進一步的實際行動，我相信利益是更大的。

觀心手記

善心不是討好別人

2014 年，〈修心八頌〉開示

很多時候我們都在修行、也努力培養一切善心，
但有時它們卻變成好像是為了討好別人，為什麼？
因為討好別人時，別人高興，因此也對我好。

或有時做了一點好事卻得不到讚嘆，又感到傷心。
結果自己的善心、善行，成為一種炫耀，
或討好他人的方式。我覺得這樣是不對的。

真正的修持，應當是像小孩畫畫一樣，
不是心中想著要畫給別人看，
而是心中想了什麼，就將它表現出來。

修持也應如此，重要是自己的善，
是否能給予自己喜樂，而不是為了他人。

06.30

星期__

觀心手記

當取與當捨

2013，《百段引導文》開示

佛法的精髓，在於能夠明白什麼是我們應該做的，
什麼是我們應當捨棄的，亦即捨惡取善。

我們必須能夠分辨什麼能夠帶來自他的利益，
並將它付諸實踐；也必須能夠分辨什麼對自他有害，
繼而斷除惡行；一言蔽之，此即止惡行善。

我們必須知道佛法的要旨，並且將它融入日常生活當中。

▶2012年底，法王噶瑪巴與二大法子為噶舉大祈願法會僧眾安住之「嘎千大營地」開光。

7月

佛法清涼月

遇到逆緣中的大逆緣時，
還能做到修持，就是最好的行者。

農曆七月

	1	2	3	4	5	6
7	8 六齋日	9	10	11	12	13 大勢至菩薩 聖誕
14 六齋日	15 中元節 六齋日	16	17	18	19	20
21	22	23 六齋日	24	25	26	27
28 六齋日	29 六齋日	30 六齋日				

藏曆七月【具醉月】

	1 禪定勝王佛日	2	3	4	5	6
7 第九世噶瑪巴 旺秋多傑誕辰	8 藥師佛日	9	10 千劫佛日	11	12	13
14	15 阿彌陀佛日	16 第四世噶瑪巴 若佩多傑圓寂	17	18 觀世音菩薩日	19	20
21 地藏王菩薩日	22	23 大日如來日	24	25 密勒日巴尊者誕辰 蓮師日	26	27
28	29	30 釋迦牟尼佛日				

觀心手記

07.01

星期__

眾生的意義

2014年，
歐洲弘法行：如何讓人生有意義

什麼叫做「有意義的人生」，我的人生意義完全來自於眾生，
來自於你們每一個人，因此我非常、非常感恩你們。
你們對於我的期待和信任，給予我非常大的力量，
讓我有力量度過重重困難、能夠堅持下來，
讓我能夠繼續等待、繼續去做很多事情。
因此可以説，我幫助的對象是誰？是眾生，
同時我力量的泉源是誰？也是眾生。
我想到我的人生以及一切事情，完全來自於眾生。

觀心手記

07.02

星期__

別浪費

《愛的六字真言》，第97頁

我們生有珍貴的人身，
特別是身而為人具有的善惡取捨的智能。

既然有這樣的機會，我們不應將精力浪費在無意義、
或是瑣碎的事情上面，這點特別重要。

07.03

星期__

觀心手記

所謂人生

2014 年，《解脫莊嚴論》開示

「無常」所表達的意義是說，所謂「人生」，
並非從出生到死亡的整段時間，才稱為「人生」，
而是說人生可以是一種時段，「當下這一刻」，
就是自己的一生，如果當下這一刻具足實義，那麼你的人生也就具足了實義。

即便某人一生都在造惡，但若他臨終時生起善念，
也可讓他的人生具足實義，因此「人生」不用等很久，
不需要從一生到命終，而是每分每秒都是一生，都該去把握。

07.04

星期__

觀心手記

善於取捨

《就在當下》，第 211 頁

去發現哪些行為真的能產生幸福，哪些會造成苦難。

使用你的判斷力，選取那些能帶來利益的，
摒棄那些會造成傷害的。
依此生活，那麼你將走在正確的道路上。

觀心手記

白費功夫

2004 年，〈遙呼上師祈請文〉開示

我從心裡面的對大家說，
如果只為今生利益而沒有任何善的意念，
那麼所做得一切也只是浪費心力罷了。

觀心手記

不能只是表演

2013 年，《百段引導文》開示

我們有時會覺得，修持佛法需要有某種外在的表徵，於是便將很多的注意力放在儀軌等身體和語言的動作上。這就是專注於外的佛法修持。

事實上，我們需要將注意力放在內在，要去看我們的修持是否能對治自己的煩惱，必須去看自己是否正在調伏自心，必須去看自己的心是否有進步、是否變得更加和善。

不去這麼向內審視的話，這些行為動作是不會有利益的——我們覺得自己在努力修持佛法，事實上不過是身體語言上的一種表演罷了。

07.07

星期__

觀心手記

不可或缺的「好」

《跟著走，就成佛》，第 101 頁

我們皈依三寶時，要想佛陀就是導師，
法寶就是修持的方法，僧寶就是修道上的友伴。
就好像一生當中，必須要有好的父母帶領，
要有好的工作，還要有好的朋友陪伴一樣。

同樣，當我們行走在這條寬廣的解脫道上時，
我們必須要有殊勝的導師，要有正確無誤的方法，
還要有幫助我們順利成佛的伴侶。

07.08

星期__

觀心手記

惡念不斷罪業無量

《我願無盡》，第 72 頁

每個人有各種不同思想，思想不斷的發生，
因此罪業也是無量的，
所以我們沒有辦法清楚每一個罪，然後一一去懺悔，
所以，我們可以這樣去懺悔：就是想從無始以來，
一切因為我們三毒煩惱而造作的罪業，我們都要懺悔。

觀心手記

佛果來自相輔相成

2014年，〈修心八頌〉開示

一切福德資糧都要與智慧資糧相配合，才能成就佛果，
同樣的，一切善行，都要以證悟空性的領悟，
才能幫助你達成最終解脫佛果。

觀心手記

上師入心

2005年，宗門實修「四共加行」

上師具備的最大功德就是降伏煩惱、降伏自心；
因此，如此的功德若是能在自心中生起的話，
就被稱為「上師入心」或者「上師的加持入心」了。

07.11

星期__

觀心手記

慈悲藏不得

2007 年，〈大手印五支證道歌〉開示

只是存著一念善心是沒有用的，
僅是藏在心裡的善心沒有什麼用處，
應該要表現出來。所謂慈悲，是為了實際利益他人，
而不是說「喔！慈悲心很珍貴」，
好像珍寶一樣把它藏起來自己用，這樣可不是慈悲心。

慈悲心就是要實際利益眾生，好像放射光明一般。

07.12

星期__

觀心手記

患難見至善

2014 年，〈修心八頌〉開示

一帆風順時，誰都是好人；
但遇到逆緣時，才分得清誰是真善良。

如果真的是心善，任何情況都能保持住善，
但若有些人只是暫時的善，遇到逆緣時，
就會原形畢露。當我們遇到逆緣中的大逆緣時，
例如恩將仇報時，還能做到修持，就是最好的行者。

觀心手記

眾生等高線

2013 年，第八世噶瑪巴
米覺多傑教言：《無死甘露妙樹》開示

平常我們都說佛菩薩，把佛菩薩視為非常的珍貴，
也把佛像放置高處，小心奕奕地燻香供養，
其實，就像我們很尊敬佛陀與佛像一般，
我們也應該同等地尊敬一切眾生；
如果你有多麼地尊敬佛陀與佛像，
那麼，你也應該更加地去珍惜尊敬一切眾生！
成佛，也需要依靠眾生，才能成就。

觀心手記

07.14
星期__

死都要修行

2012 年，第八世噶瑪巴
米覺多傑教言：《無死甘露妙樹》開示

以修法的狀態而言，精進與誓言非常的重要。
從傳承祖師的傳記來看，立誓也是非常的重要，

即使是生病了，即使是死亡，我都要去修持真正的佛法！以這種方式去發誓才是修持的關鍵。

觀心手記

相依的幸福感

2004年，〈修心七要〉開示

我們要如何將惡緣轉為菩提道呢？
主要的是要知道所有世間的事物都是互相依存的，
而我們要如何的互相依存呢？

若是我們能夠互相的關愛並且互相的去利益對方的時候，
建立在這個之上而互相依存生活時，
自然我們就會產生幸福感，
這種感覺也會讓我們覺得很舒適。

07.16
星期__

觀心手記

念頭原來像顆球

《跟著走，就成佛》，第201頁

其實禪修它是一件簡單的事，因為那就是你的本能，就是放輕鬆，自然、平靜就好。

心不過於外散，也不過於向內緊繃；有時候太刻意禪修，就像把一顆球用力往水下按壓一樣，結果卻反彈得更高，不如把球靜靜地放在那兒。
我們的念頭就像那顆球，你不要太用力去壓抑它，
當然也不是完全昏沉沒有覺知，這樣也不行。
是要帶著清晰的覺知，覺知你的念頭，放輕鬆，這樣子，就是止的禪修。

觀心手記

一絲功德不可輕

2014年，《解脫莊嚴論》開示

我們都不應指證他人過失，而要看其功德一面。
因為，因果不可思議，業果也同樣不可思議。
我們是無法了知一切法及所有因果的。

就如同傳承祖師所講，看他人之功德，察自己之過失。

因此，他人即使僅有細微的一絲慈悲心和愛心，
也要當成是功德而去尊敬。

觀心手記

單純中的無盡

《崇高之心》，第126頁

當我們不再讓貪婪促使我們去追求自己沒有的東西，
不再對自己擁有的東西感到理所當然，
那時，我們就能感受到深刻而歡喜的感激之情。

我們真的已經擁有我們需要的一切。
知足的不竭財富就在那兒等待著。
我們可以在單純的呼吸中，找到無盡的快樂。

07.19

星期__

觀心手記

我們所共有的

《崇高之心》，第 243 頁

我們共享這相同的地球，呼吸相同的空氣。
我們因相同的太陽而感到溫暖，
享受來自相同月亮的柔和光輝，
因此，我們將永遠都有共通的事物。

心靈修持應該要讓我們更能意識到所有我們共有的事物，
它應該加強我們對所有人類的基本價值的認知。

07.20

星期__

觀心手記

最上等的信心

《跟著走，就成佛》，第 224 頁

一個人越虔誠，
就越會以大精進行持上師所交付的功課和指導。

我們要記著——有最上等的信心，就有最廣大的精進；
虔誠和信心是非常重要的。

觀心手記

別老說自家好

《我願無盡》，第 90 頁

有的時候，我們喜歡說「這是我的宗派、我的傳承、我的上師、我的僧團」等等帶有分別心的話語。

我們只承認自宗自派的功德善業，對於其他宗派上師、僧眾、法友所做的善行善業，卻視而不見、不承認、也完全不隨喜，這是很不好的。

許多心量狹窄的人，想方設法地打擊別人，這樣做是很危險的，因為這是謗法的行為，這是完全違背佛教的本質，同時違背了菩薩的行持作為，我們一定要謹慎。

觀心手記

智慧一滴

2009 年，〈龍樹親友書〉開示

真正的謙虛，
是對自己所學覺得只是智慧大海的一滴，
還有很多值得學習、有待學習，
那種由內而發的自然謙虛。

07.23

星期__

觀心手記

修行的實彈演習

2014 年，〈修心八頌〉開示

如有人挑戰你、在辱罵你時，你還是要如理回應、真實說出答案，
但同時心中仍保持平靜、喜樂，並想著「這就是我修心的機會」。

針對修心行者必須要這樣去做，就像是真槍實彈的演練會更對軍人有幫助，
對修行人也是如此，當你接受到真槍實彈的粗言惡語時，
反而會讓你的修持更有進步。

07.24

星期__

觀心手記

煩惱之所以消除

2010 年，《勝道寶鬘集》釋論

什麼是勇氣？是指內心深處、徹骨徹髓的一種感受：你知道惡是不好的，
痛苦是你不要的，你有著強烈的決心，知道唯一的選擇就是消除惡業和痛苦。

這種勇氣需要慢慢培養，不會因為佛經中說煩惱不好，你就有決心將煩惱消除；
僅僅閱讀文字，無法把決心帶出來，因為那些只是佛陀的感受，
是他的體會，不是你的。

唯有自己有所體驗，真正明瞭煩惱帶來的壞處之後，
你才會相信佛陀的話，並且下定決心地去修持。

觀心手記

07.25

星期__

如母眾生海

1998，開示：皈依與發心

對眾生慈悲乃是一種希望能帶領一切眾生，
由輪迴海之各種問題和痛苦中解脫的願力。

這些眾生累劫來都曾為我們的母親，
照顧我們，關愛我們。
所以我們要幫助一切如母眾生由痛苦中解脫。
這就是慈悲心。

觀心手記

07.26

星期__

常保熱忱

2014年，春季課程

如果我們保有強烈的修法熱忱，
那麼任何障礙、病痛和逆緣，
都能成為幫助我們成佛的助緣和鼓勵。
你們過去已經很精進地修持，
未來也希望能夠繼續努力，尤其，
是要將每一個發生的因緣都當做修行，請大家好好努力。

觀心手記

本來放鬆

2010 年，《勝道寶鬘集》釋論

心性本來即是平靜、自在，
由於我們習慣於煩惱，因此一遇到刺激的外緣，
就會有過度的反應和情緒。

我們應該怎麼辦呢？
就是回到本來的自己，然後放輕鬆。
身體放輕鬆，語言放輕鬆，慢慢的，心就能夠自在。

觀心手記

正法何在？

2010 年，《勝道寶鬘集》釋論

正法不在寺院當中，也不在經典文字當中，
而是在我們每個人的心中，
正法即是我們每個人心中清淨、良善的本質。

觀心手記

心地種子

2004 年，〈修心七要〉開示

有一些人，可能本來心的情況或者他的心性種子本來是好的，
但是由於周圍的環境以及各種外緣的影響，

使得善的種子成為惡的，這都是受到我們周圍環境的影響，
若是我們是處在一個比較平和清淨的環境，就能使我們的心更有力量，
幫助我們增長善與平靜，若是我們的環境是粗惡的，
也會讓我們的心變得粗惡，因此現在很多人的心性
可能本來是好，但是由於各種客塵外緣的影響使它們有所改變。

觀心手記

讓心開啟

2014 年，修心與開啟慈悲心

若能不偏私的，真誠、公平地去對待一切生命、
對待一切事物，對我而言，這就是「修心」。

讓我們本有真實的慈愛之心，
受時間和環境慢慢拖磨，而變得虛弱的慈愛之心，
透過轉化修持之道再次將它開啟、開發出來，
而再次對眾生充滿慈愛。

觀心手記

善良並不渺小

《跟著走，就成佛》，第 166 頁

世界上還真不能少這一兩個有善心的人，
有善心的人能讓我們相信和放心。

如果世上充滿欺騙、暴力、無法被信賴的人，
這不是太可悲了嗎？

因此我時常提醒自己、鼓勵自己：
「我要堅定自己過去的誓言，無論勝利或失敗，
快樂還是痛苦，我都不會忘記自己利益眾生的誓言。」

由於這種誓言，幫助我的心平靜和安定，
不容易恐懼或害怕。

▶法王噶瑪巴，攝於印度達蘭沙拉「上密院」。

8月

修行心，秋意爽

該好好想想我為什麼存在，
什麼是我此生的目的。
我所獲得的，遠遠超過我所給予的。

農曆八月

	1	2	3	4	5	6
7	8 六齋日	9	10	11	12	13
14 六齋日	15 中秋節 六齋日	16	17	18	19	20
21	22	23 六齋日	24	25	26	27
28 六齋日	29 六齋日	30 六齋日				

藏曆八月【具賢月】

	1 第五世噶瑪巴 德新謝巴圓寂 禪定勝王佛日	2	3	4	5	6
7	8 藥師佛日	9	10 第十五世噶瑪巴 卡恰多傑誕辰 千劫佛日	11	12	13
14	15 阿彌陀佛日	16	17	18 觀世音菩薩日	19	20
21 地藏王菩薩日	22	23 第八世噶瑪巴 米覺多傑圓寂 大日如來日	24	25 蓮師日	26	27
28	29	30 釋迦牟尼佛日				

觀心手記

發掘人的潛能

2010 年，《勝道寶鬘集》釋論

其實我能做到的一點利他的事情，力量並非來自「噶瑪巴」的名號，而是來自身而為「人」的一種潛能，這種能力你我都有。

在「噶瑪巴」名號的提醒和啟發之下，我看到了自己的本份和責任。

即使壓力很大，憂心的事也多，但是讓我看到了身為「人」的獨特潛能和價值，因此，我希望每個人都能夠發掘出自己獨特的潛能和特質，好好地過一個有承擔和價值的人生。

觀心手記

08.02
星期__

斯有其果

2010 年，《勝道寶鬘集》釋論

如何才能得到難得的人身呢？
人身是一個果，只要具備了因，就得到這個果，
無因無緣的情況下，僅只是空發願，
也無法得到難得的人身。

因是什麼呢？．就是道德戒律，止惡行善的方式。
這些才是真正幫助我們得到難得人身的順緣。

08.03

星期__

觀心手記

接受它

2013 年，《百段引導文》開示

身為學佛者，我們必須確實瞭解並接受無常。

我們必須開展出在面對自然會發生的變化時，
能夠放鬆接納的能力，並學會接受週遭生起的情境。

08.04

星期__

觀心手記

發心決定高度

《跟著走，就成佛》，第 43 頁

一件事物是否珍貴，在於自己的動機。

如果具備珍貴的發心和動機，
由此心而展現的一切法，也會變得殊勝。

如果只是具備一個普通的心態，
或者不善的發心，那麼得到的果報，
就是無記或不善的。

觀心手記

出離心標準

2012 年，《三主要道》釋論開示

當我們思維「觀死無常」，再思維「輪迴過患」，
而真正生起一種「我真的要從輪迴中出離」的殷切之心，
這就是出離心的標準。

如果心中沒有生起這種真實、不造作的出離心，
就沒有真正入道；法是不是真正在心中生起，
基礎就在於有沒有真正生起出離心。

觀心手記

08.06

星期__

行得日常功

2004 年，〈修心七要〉開示

若是我們在平常的修行，平常的行為，若不能夠將我們上座修持時的串習、
習性運用到日常生活中的話，修行對我們來説就沒有用了。

修行應該是要對我們的身語意三門的作用要有幫助的，
而如果只是在上座時有那麼一點好處，
而在平日時卻沒有功用的話，
那麼修行對這一生也不會有什麼利益的。

08.07

星期__

觀心手記

點滴進步

2014 年，《大手印了義炬》開示

若能永遠不離皈依的修持，才算得上是佛教徒。

由此，微小的罪業能夠淨化，大的罪業會減輕削弱，
不會受到人與非人的障礙侵擾，
一切持戒和念誦等善根，都將不斷增長。

對三寶帶著純正的心懷，
縱使受到三惡道的催逼也不會墮落。

08.08

星期__

觀心手記

釋放你自己

2009 年，〈龍樹親友書〉開示

要放下，從心裡釋放自己，繼續往前走，
別因曾經犯錯或失敗，就關閉自己的解脫之門。

觀心手記

正視你的煩惱

《我願無盡》，第 50 頁

任何我們修持的法門，都要能夠對治我們的煩惱；
不能對治煩惱的法，便非正法。

所以即便是供養，它也是要能夠對治我們的煩惱。
而供養它是對治我們哪一種煩惱呢？
它就是對治我們貪吝的煩惱。

觀心手記

根本上師

2004 年，〈修心七要〉開示

在噶舉派來說，上師與根本上師是有點差別的，
所謂的上師是指教我們文化、經典、心的住跟動的情況的人；
而根本上師是指依他的大悲指引，
讓我們認識到心性、體證到空性的上師，
所以一般來說這個指引我們心性，讓我們見到心性本質、
並幫助我們證悟空性的人才是根本上師。

觀心手記

我們一起發願

《跟著走，就成佛》，第 179 頁

善思如母眾，難忍無量苦，
憶念蒼生情，世世永不離。

我希望大家也能如此發願，
就算不能生生世世成為一個利益他人的人，
但至少不要成為一個傷害別人的人。

國際青年節

08.12

星期__

觀心手記

真正的了不起

2010 年，《勝道寶鬘集》釋論

每當我坐在「噶瑪巴」的法座上修法或授課的時候，都覺得對自己是一次提醒。

提醒什麼呢？並不是提醒「我是噶瑪巴，我很了不起」，
或者「我就是噶瑪巴，是個大成就者，
我過去生一定積聚了好多福德資糧，我滿了不起的」，並非如此。
而是提醒我「每個人都有機會，只要懂得珍惜和把握，都可以做出利益他人的事情，
滿足眾生的願求，能為世界的和平安樂，做出貢獻」。

觀心手記

真正的力量

2014年，歐洲弘法行：「四加行」

真正的力量是什麼？
就是自己的心念，就是那一念善心。

我們都要懂得愛惜自己，
相信自己善心的力量，要有大的擔當。

觀心手記

要具備的心量

2013年，生日開示

即使在輪迴之中，菩薩也是快樂的。為甚麼呢？雖然尚未成佛，
但是菩薩要做的事情就是利益眾生，正做著他想要做的事情，
因此覺得心安理得、充滿了歡喜。

這樣的心量，是我們大家都需要具備的。我們在人生當中會遇到
各種各樣的障礙和問題，為甚麼我們沒辦法面對那些問題和障礙呢？

就是因為我們的心胸太過狹窄。所以，
擁有這樣的廣大的心胸和氣度，是很重要的。

觀心手記

不只是說說

2008 年，宗門實修「噶舉祖師教言」

當我們說發願或者祈願，
如果只是心中發願、口頭說說，
多半時候，很難真正有很大的影響；

但如果你不僅是心中祈願，
它還帶動了你身體跟語言的行為，
這時真正的修行力量，就能展現出來。

觀心手記

網路人生

2012 年，第八世噶瑪巴
米覺多傑教言：《無死甘露妙樹》開示

有時候，我們無法找到自己人生的真正價值，
所謂的人生，就像是一張網，
我們每個人彼此之間，都會有相互的聯繫，
有時候我們無法在自己的身上找到人生的價值，
那麼也可以在其他眾生身上，找到我們人生的價值。

觀心手記

08.17

星期__

呼吸中的幸福

《我願無盡》，第 60 頁

真正的幸福是什麼呢？其實就是當下這一刻。不需要想太遠，
我們之所以活著，是每分每秒無時無刻的呼吸，當呼吸停止時，就是死亡的時候。

而我們現在能夠持續不斷呼吸，便是因為氧氣存在，氧氣又是靠各種植物製造的。
所以，從各種花草、樹木生成氧氣開始，到成為我們呼吸的一口氣，
這中間不知道經過幾千萬個步驟和因緣。而持續至肉身消逝最後一刻更是如此，
因此，今天我們能夠有氧氣，能夠呼吸，那是多麼難得、幸福的事情。

觀心手記

08.18

星期__

別小看自己

2004 年，〈修心七要〉開示

「心」的力量就好像我們身上背著一個寶藏一樣，
平常的時候 我們不去用它，甚至不知道它，
一但當我們真的去使用它、打開這寶藏的時候，
自然就可以有足夠的力量與煩惱戰鬥，
所以首先我們一定要對自己生起信心，不要看輕自己。

觀心手記

好事從何來？

2013 年，《百段引導文》開示

最好是活在當下，無悔於過去、無求於未來。

對於任何出現在眼前的事物，我們必須能夠看到它的好；
能看見它的好，這樣好事才能從中而來。

我真覺得一個簡單的人生觀會有幫助。

觀心手記

善才能過活

2008 年，宗門實修「噶舉祖師教言」

平時一天當中，如果沒有貪瞋癡的煩惱，你會發覺自己過得很愉快，過得很安靜。

但是如果你一天當中沒有慈悲，或者缺少分辨取捨的智慧，
你會發覺一天都很難過得去、很難生活。

所以我們可以認識到，其實貪瞋癡這些煩惱，
並不是我們的本質，我們真正的本質是什麼呢？
就是善，只要具備了善，你才能夠生活；如果沒有善的、慈悲的這部分，
我們是沒有辦法生活的。

觀心手記

08.21

星期__

成佛唯一法

2012，《三主要道》釋論開示

要成佛僅需修持一法，就是菩提心，
因此菩提心是成佛的主因，也是成佛的根本。

觀心手記

08.22

星期__

比較無邊、欲望無邊

2005 年，宗門實修「四共加行」

大部分的人都習慣向上去希求、去比較，譬如說我們現在
不具備財富名利時，我們會向上比較，想得到更高的名位，更高的成就。

但是向上比是不行的，因為其實很多人
比我們更富有、更有智慧的人，他們也都還不知足。

原因是什麼？因為欲望是無邊的。
越往上比，欲望越多，不會有滿足的時候。
所以當我們觀修時，要培養一個知足心，培養的方法就是向下來比較。
這是一個實在的比較方法，也是一個比較的標準。

觀心手記

好壞自己決定

2005 年，宗門實修「四共加行」

所謂的善友或惡友，其實取決於自己。這是什麼意思呢？

如果我們身旁的朋友是一位聖者，但是，
我們的心念與行為不清淨的話，我們也得不到什麼利益。

另一方面來講，我們身邊有個惡友，但是，如果我們能隨時保持不放逸，
保持正念、正知的話，他的惡習也不會沾染到自身，
甚至，我們還可以在其中學到一些功德。

觀心手記

悲心讓人勇敢

2014 年，〈修心八頌〉開示

內心具備有熱忱、有悲心，希望讓眾生的苦都消除，
若有人心中具備此等熱忱與悲心，就會有很大的勇氣去面對很大痛苦，而能承擔。

因此若具備這樣關愛之心或熱忱者，當他經驗各種痛苦時，
其實「苦」不會傷害他或讓他灰心，更多的苦反而會讓他更加勇敢、
讓他的悲心功德更加增長。

觀心手記

08.25

星期__

在播種之前

2007 年，〈大手印五支證道歌〉開示

我們須要清楚知道的是，
播種的當下，果實也就開始成熟。

同樣，修持開始的當下，成果就在開始展現。
可能成果並沒有實際展現出來，
但是心中卻要明瞭成果是什麼。
如果什麼都不知道，修行可能也就不會有結果。

觀心手記

08.26

星期__

練習和煩惱做朋友

2014 年，歐洲弘法行：大手印禪修

「修行」，就是「練習和煩惱做朋友」。
逐漸地，就不再需要壓抑情緒，
而是自然而然地、甚至是很歡喜地就能控制住情緒，
處理你的煩惱了，這時，你已經和「煩惱」成為朋友了。
我覺得這是很重要的，這才是「修行」。

08.27

星期__

觀心手記

別讓煩惱入懷

2014年，〈修心八頌〉開示

一個修心行者無論行住坐臥，該做的事情就是恆常觀自心，
好好觀察每個情況，在每個當下，都要想：我現在念頭是什麼？

如果觀察發現有煩惱生起時，就要馬上將他斷除，
就如同一條蛇掉到懷裡，要立刻把牠推開、丟掉一樣，
當煩惱生起時，就像這樣要立刻斷除，為什麼？
因為毀壞自他一切的根本敵人就是「煩惱」。

08.28

星期__

觀心手記

敵人大用處

2012年，第八世噶瑪巴
米覺多傑教言：《無死甘露妙樹》開示

我們應該要對敵人生起悲心，因為敵人是我們生起忍辱心很好的助伴，
因此他是修持忍辱最好的順緣。

平常我們說修持忍辱，對那些看不順眼、讓你生起瞋恨心的對境，
此時你就要修持忍辱，擋住生起瞋恨的道路，調伏自己的心續，這才是修持忍辱。

如果你懂得修持的話，反而會覺得這些不順的違緣及障礙，
比起順緣更對自己的修法有利益。

觀心手記

每一刻都是轉捩點

第 21 屆噶舉大祈願法會開示節錄

生命是珍貴的。不僅我們一生的行為，
即使如剎那般短暫，也可能產生重大的意義。
任何時刻的行為都可以是好或壞的轉捩點。

因此，我們有責任覺察分辨什麼是良善的，
什麼是有害的，同時盡力讓每一刻的行為都做到最好，
因為任何時候都可能對我們今後的生命產生重大的影響。

觀心手記

08.30
星期__

憑感覺對嗎？

2002，日中偶感

我們常依感覺行事，而感覺卻又是瞬息萬變。
我們的生活步調多變，使得我們的經驗變得不穩定、不成熟與不自在。
感覺是重要的，但如果我們以此為中心，那麼將自找麻煩。
我們所追尋的是一條清淨、甚深之道，如此才能夠帶給我們真正的利益。

08.31

星期__

觀心手記

珍愛眾生

2014 年，〈修心八頌〉開示

不僅是我們的衣食依靠他人，
就連最究竟的佛果的快樂，
也是依靠眾生才能得到，

因此要時時刻刻珍愛眾生，
對輪迴一切有情，都要帶著珍愛之心。

▶大祈願法會清晨，法王噶瑪巴在正覺大塔金剛座前，向佛陀獻供。

9月

上師領你走過生死幽谷

身體的行為、口中的言語、及心中的念頭，
都要視上師的身語意為典範而去修學，
這才算是上師和自己相融。

農曆九月

	1	2	3	4	5	6
7	8 六齋日	9	10	11	12	13
14 六齋日	15 六齋日	16	17	18	19	20
21	22	23 六齋日	24	25	26	27
28 六齋日	29 六齋日	30 六齋日				

藏曆九月【遊戲月】

	1 禪定勝王佛日	2	3	4	5	6
7	8 藥師佛日	9	10 千劫佛日	11	12	13
14	15 阿彌陀佛日	16	17	18 觀世音菩薩日	19	20
21 地藏王菩薩日	22 佛陀天降日	23 大曰如來日	24	25 蓮師日	26	27
28	29	30 釋迦牟尼佛日				

觀心手記

空虛的一天

2007 年，長壽佛灌頂

從我個人來講，
如果能幫助到了一個人或是讓一個人開心了的話，
在那一天中，自己也會覺得非常的快樂，
也會覺得很充實，很有意義。

但相反的，如果很長的一段時間中，
沒有幫助到任何人，也沒有讓任何人開心、快樂的話，
也會覺得在那段日子裡過得很空虛，也沒有什麼意義。

觀心手記

自私是座牢籠

2014 年，歐洲弘法行：「四加行」

這個暇滿難得的人身，能幫我們成辦人生中有意義的大事，
但由於我們過於自私自利，因此侷限了自身本具的力量，
像在一個自我的牢籠當中動彈不得。

此時，我們應盡力生起慈悲心和利他之心，
放大自己的心量，這是最重要的事情。

09.03

星期__

觀心手記

努力要及時

2012，《三主要道》釋論開示

「死亡無常」想表達的意旨，是既然獲得暇滿難得人身，
就應當把握機會、把握每一時刻，讓人生具足意義，就去利益他人。

因為我們現在的人生具足所有順緣，獲得暇滿難得，極其珍貴，
不應當浪費這樣人身，不該在虛擲之中度過，
這樣也對死亡毫無幫助，而是應當把握每一分鐘，
善用自己的一生而去行事、行善、去服務大眾。

09.04

星期__

觀心手記

小事的重要

2005 年，宗門實修「四共加行」

隨時我們都在造業。
所謂的一生，不是說幾年是一生，也不是說幾天是一生，
可以說每一分鐘就是一生，而當下所做的每件事，就是一生的大事。

所以我們要很謹慎，如果認為只是小事而輕忽的話，
會讓我們一生都不快樂的。

觀心手記

原來你還沒出發

2012 年，第八世噶瑪巴
米覺多傑教言：《無死甘露妙樹》開示

如果不厭離此生，就沒有任何利益，
即使你可以把佛法倒背如流，並且口若懸河的説給大家聽。

或者你修持生起次第與圓滿次第直至老死，
但若沒有死亡無常的思維，你就和一個從來沒有修過法的人一樣，
你的自相續中根本就沒有佛法，只是一個修法表像而已，
實際上根本未趨入佛門，也未趨入佛法。

觀心手記

只有這一關

2004 年，〈修心七要〉開示

不管我們是修小乘、大乘、金剛乘任何的教法跟修持，
主要都是要調伏我們煩惱，因此任何的修持，
我們都只有一個目的，就是要調伏、降伏我們的煩惱，
所以不管我們是修噶舉派、寧瑪派，格魯派、還是薩迦派，
任何修持的教派跟法門都是為了降伏我們的煩惱，
有時候我們修了什麼法、閉了什麼關
但是卻不能降伏我們的煩惱，那也是沒有用處了。

觀心手記

善念最捷徑

2006 年，宗門實修「四不共加行」

在皈依三寶之後，緣三寶而做某一件事，卻沒有具備善的動機，這時候，
因為所緣的境具有大的力量，也能使緣三寶的一切作為成為成佛的因。
因此，這是很重要的。

因為平時我們都想要有善念，但很多時候並不容易。
因此自己不需要出太多力，而能夠依靠對境給予力量的話，這會讓我們更有信心的。

因此，我覺得他的利益很大。以上是皈依的利益。

09.08

星期__

觀心手記

除苦從現在

2012 年，第八世噶瑪巴
米覺多傑教言：《無死甘露妙樹》開示

我們應該要思維：如果造了惡業因，就一定會遭受苦業果。

從無始以來，我們一直流轉在輪迴中，也造作了難以計數的罪業，
而這些罪業的業果，不只現今依然在遭受著，而未來也有可能還會繼續承受。

因此，為了不令自己遭受痛苦的業果，
我們就要從現在開始懺悔淨除，否則將很難從輪迴中獲得解脫。

觀心手記

不存在的事

《我願無盡》，第 37 頁

頂禮的真義在於恭敬、尊重他人的功德，
所以沒有一個眾生是完全沒有任何功德的，
就像佛陀說：「不會有絕對好的眾生，也沒有絕對壞的眾生。」
因此，一點優點功德都沒有的眾生，是不存在的。

觀心手記

依止上師

2012 年，第八世噶瑪巴
米覺多傑教言：《無死甘露妙樹》開示

其實，依止上師的作用何在呢？
遇上一位具德上師，為了令自己的身口意三門——
身體的行為、口中的言語、及心中的念頭，
都要視上師的身語意為典範而去修學，
這才稱為是上師和自己相融。

09.11

星期__

觀心手記

別空談慈悲

2007 年，〈大手印五支證道歌〉開示

不僅是存有希望眾生離苦得樂的慈悲心而已，
而是實際幫助眾生離開痛苦，得到快樂，
透過身體語言實際的行動，實際和眾生結緣。
要不然，慈悲也只是空談。

09.12

星期__

觀心手記

打敗凡夫的習慣

2007 年，參加祈願法會應有的心態

平時，我們總是會生氣、忌妒或有驕傲的心，
因為我們還是凡夫，而凡夫難免會如此。
但是，如果我們讓自己養成這種習慣，那就不對了。

因此，現在我們要提起精神來，更加努力，給予善行更多機會，
讓善行得勝，不要給惡行任何的機會，要打敗惡行。

觀心手記

從感恩出發

2002 年，真實的慈悲心

一切眾生皆是我們三世之父母，
眾生在過去世中曾為我們的父母，
在現世中為我們的父母，
在未來世中極可能成為我們的父母，
所以，我們應當懷感恩心為出發，
這也是培養我們善心及長養菩提心的方法。

觀心手記

生命回力圈

《崇高之心》，第 48 頁

你將喜悅和快樂帶給另一個人，而這會反映回到你自己的生命中。
你生命能充滿意義，並不是從身為一個獨立個體的你而來。
這確實是來自於你，但是只有透過你與他人的連結才有可能發生。
如此，你與他人的相互關連就能為你自己的人生帶來重大的意義。

09.15

星期__

觀心手記

從觀心開始

2010 年，《勝道寶鬘集》釋論

觀察自心的時候，
要能覺察自己的問題和善惡的動機而作取捨，
如果能夠做到這一點，就有可能生起正念和覺知，
有了正念和覺知，禪定的基礎也就建立了。

禪修、修定，或者修持止觀，
這一切的基礎，都是從觀看自心開始，這是重點。

09.16

星期__

觀心手記

當心你擁護的其實是煩惱

2014 年，大手印四共前行

擁護教派也是煩惱的一種，
也是必須去斷除的，也是修法道路的障礙。

想要成為好的修行者，就要不分別教派，
盡力減少、斷除煩惱，如此才配稱得上是「修行者」，
這才是修行者的真實正解。

觀心手記

別迷失在好的感受裡

2002，日中偶感

勿執著快樂，亦勿因痛苦而沮喪，
我們所追求的，是一條安定持久之道。

假如我們只一昧追求好的感受，一旦到達頂峰，
我們的心將迷失在其中，
這時候，我們的生活還剩下什麼呢？
我們將被抽離出真理之道，並將自身置於傷害之中。

觀心手記

涅槃寂靜

2001 年，解脫功德之本具

法的功德即是涅槃寂靜，
但是少有人能安住於涅槃寂靜，
因此必須要依靠各種因緣幫助我們能住於涅槃寂靜。

修學佛法，要知道煩惱的對治法，
若是不知道煩惱的對治法，則很難見到佛法的殊勝。

觀心手記

修持到自然為止

2004 年，〈遙呼上師祈請文〉開示

我們修持是需要一直堅持地做，沒有時間上的分別，
平時不管是走路，站著或睡覺時，都應不忘修持，
這樣保持著下去，之後就會很自然。

觀心手記

當煩惱生起時

2004 年，〈修心七要〉開示

在修道時，
如果我們已經讓煩惱滋長生起了，
就很難去破除它。

所以就要在它快要升起的時候，馬上就要能覺察到，
心裡也要有個理念警覺知道它是不好的、是不對的，
盡量的能夠立即遠離，然後直到我們的心能思維善法、善念。

觀心手記

國際和平日

09.21

星期__

全球社會是大家的

2012 年，《三主要道》釋論開示

我們常說希望世界和平，關鍵還是在於人類，這個社會的好壞
我們每個人都有責任，如果每個人都承擔起這種責任，進而互相影響，
當這種影響自然的擴大，就真的能帶給世界光明，這樣世界和平是可能的。

但如果只是口頭説説要祈願世界和平、眾生安樂，卻光說不練，不去行動，
這樣是沒意義的，也不符合因果的道理，也是大家要放在心上的。

觀心手記

09.22

星期__

開發本有的良善

2014 年，歐洲弘法行：「四加行」

修行的核心，就在於「開發」我們這本具的良善特質。因此，
修行並不是變成另外一個、和現在的你不一樣的人，不是變成一個奇怪的人。

修行，也並不是脫離現實的，另外的一種生活方式。
修行，就是在自己現有的生活當中去實踐，在自己的心性上去修持。

觀心手記

禮敬眾生

《我願無盡》，第 37 頁

對於任何一個眾生，就算只有一點點的優點與好的特質，
我們也要對他生起敬重恭敬的心，去讚歎、支持，若能這麼做，
才是如同〈普賢行願品〉中所說，做到真正的頂禮與讚歎。

不然，我們只不過是拜神的人，
並不算是真正追隨佛菩薩學習、修持正法的人。

09.24

星期__

觀心手記

悲心從小事做起

《愛的六字真言》，第 157 頁

我們可以從小事開始，從很簡單的小事當中來實踐、或是修持我們的悲心。例如
每天任何時間要繫上衣帶時，這麼想：「願以我將衣帶繫上此舉能夠利益眾生。」

如果能以這樣的方式來思維我們所做的每一件事情，即便事情本身不善不惡，
也沒有直接利益到他人，或是它沒有馬上帶給他人某種神奇的利益，
但是你想要利他的動機會日漸增長，最終會產生對許多人直接有利的行為。

小小的動作卻能有大收獲。因此，請各位將它放在心上。

觀心手記

09.25

星期__

心頭原子彈

《報告法王：我做四加行》，第 57 頁

不害，不僅是不傷害他人，總體而言，
只要傷害的因——煩惱還存在，就會有傷害他人的危險。
因此，我們不消除這個因，是不行的。
例如一顆原子彈，你可能想現在不用放著，
但它的危險性依然存在，我們不知它何時會爆炸。

同樣，我們的原子彈，就是心中的三毒煩惱，
這是非常危險的。所以一切身口意的惡行都要斷除。

觀心手記

09.26

星期__

每個人的崇高之心

《崇高之心》，第 230 頁

當我說，我希望追隨佛陀的腳步時，對我來說，關鍵的重點是：
佛陀以他自身的智慧在他自己身上探索生命的意義。

他不是從某人寫的典籍，或是從任何形式化的教條中去探索，
他在自己身上，在他自己的崇高之心中找到了生命的意義。
我們也都有潛力可以這麼做。

09.27

星期__

觀心手記

如果不需要上師

2012 年，第八世噶瑪巴
米覺多傑教言：《無死甘露妙樹》開示

如果你不捨棄此生的話，那麼上師對你就沒有什麼作用了。

上師的專業和上師要做的事業，是為他人指引解脱與獲證佛果之路；
如果弟子不需要這樣的指引，上師對他就沒有任何的作用。

如果他不需要上師，他又怎麼可能對此具德的上師生起信心呢？

教師節

09.28

星期__

觀心手記

心靈的探索

《崇高之心》，第 235 頁

心靈上的探索並不是向外在的某處尋找智慧，
而是去發覺原本就已經存於我們內心的東西。

就像清理石刻銘文的表面一樣，你越是去清理它，原有的雕刻就變得越清晰可見。

我們就像是那塊石頭，透過我們的心靈修持，
逐漸讓自己更清楚自己，而不是獲得某個我們之前沒有的東西。

觀心手記

睡前該做的事

《法王教你做菩薩》，第 44 頁

晚上要如何修持呢？有一句話說：「以善心入睡，睡眠即成善；以惡心入睡，睡眠即成惡。」

很多人睡前會習慣回想一天發生的事情，例如：今天做了些什麼，明天的計畫等等。

同樣地，我們也可以反省一天做的善事與惡事，並且發願明天減少惡行，增長善行。如果能夠在睡前好好反省發願，整個睡眠也會變成帶有善心而有意義的修持，進而增長我們善的力量。因此，睡前的這段時間非常重要。

09.30

星期__

本然立足點

2008 年，「喚醒明覺的心」

觀心手記

人生中有很多事要忙，
但是自己的基礎、中心點是不能失去的。
也就是本然的穩固以及自然的寧靜是最主要的。

我一生中不只是忙，還有各種情況的發生。
有時外在的情況大於能去面對的力量。

但是不論實際的情況如何，以及應對的行為如何，
心中寧靜的基礎是不能失去的。

就像鏡子前面放著很重的東西，鏡子能照映出重物，
但重量不會跑到鏡子上。同樣的，我們避免不了各種情況，
但是要不要去接受狀況所產生的壓力，那是取決於自己的。

▶2011年，法王噶瑪巴首次訪問美國，在科羅拉多州那洛巴大學給予大眾開示。

10月

慈悲只有一味

如果全世界素食，
地球能提供食物給比現在多二十倍的人。
這個事實值得我們嚴肅以對。

農曆十月

	1	2	3	4	5	6
7	8 六齋日	9	10	11	12	13
14 六齋日	15 六齋日	16	17	18	19	20
21	22	23 六齋日	24	25	26	27
28 六齋日	29 六齋日	30 六齋日				

藏曆十月【持眾月】

	1 禪定勝王佛日	2	3	4	5	6
7	8 藥師佛日	9	10 千劫佛日	11	12	13
14	15 阿彌陀佛日	16	17	18 觀世音菩薩日	19	20
21 地藏王菩薩日	22	23 大日如來日	24	25 蓮師日	26	27
28	29	30 釋迦牟尼佛日				

觀心手記

你的使命和責任

2014年，歐洲弘法行：「四加行」

其實我們每一個人都有自己該盡的責任，
無論是對自己、對家庭，
或者擴大一點對於全世界，我們都有該盡的責任。

或許我的例子比較特殊，我得到了「噶瑪巴」的名號，
而具有「噶瑪巴」這個特殊身分的責任，是顯而易見的。
但我想說的是，我們其實都一樣，
投生為人，都有自己該去完成的使命和責任。

觀心手記

即知即行

2012年，第八世噶瑪巴
米覺多傑教言：《無死甘露妙樹》開示

當你想去修持清淨純潔的佛法時，就一定要直接去做！
「想」和「做」，要一致，
不是想了之後卻要等到以後再去做。

有的人可能會這樣想，一開始先成辦世間事，
把世間事都安頓好了，再去修持出世間法，
這是因為他們並沒有思維到「死期不定，死亡無常」的概念。

10.03

星期__

觀心手記

因為心念是有力量的

2014 年，歐洲弘法行：「四加行」

「心念」是有力量的，「善」的動機足以造成深遠的影響。
因此，無論我們做任何事情時，自己的心念、動機、目標，是最重要的。
而且在一切作為當中，都帶著責任感去做，這就是注重因果業報。

10.04

星期__

觀心手記

想到有來生

2008 年，宗門實修「噶舉祖師教言」

如果一個修行者、學佛的人，會想到來世，
想透過今生的修持，來世要投生到一個善道，
得到一個暇滿人身，然後能夠繼續好好的修持佛道、聖道，
讓自己越來越趨向究竟、快樂的道路。

所以，他會想到來生；如果一個人只局限、貪著在今生，
不想到來生的話，他就不能稱為一個修行者。

觀心手記

與上師的真正距離

2008年，上師、善知識應具備的功德特質

不管上師距離有多遠，要避免對上師有不好的想法，
不要去看上師的缺點，要看上師的優點而生起信心，
常常憶念上師的恩德，並且依教奉行。

這就是真的依止上師，不然即便是在上師的面前，
也不算是依止上師。

觀心手記

堅持只有三寶

2014年，《大手印了義炬》開示

想著三寶的恩德，用身、語、意去做到敬奉、讚美等虔誠的行為。

帶著慈悲的心鼓勵他人都皈依，並且宣説三寶偉大的功德。

想著皈依的利益，晝夜六時都修持皈依。想著輪迴的過患，
就算遇到性命交關的時候也不捨棄皈依的對象。
想著勝解的信心，不論發生痛苦、快樂、顯赫或是卑微等任何情況，
仍然只堅信三寶，絕不灰心。

觀心手記

10.07

星期__

立誓的重要

2012 年，第八世噶瑪巴
米覺多傑教言：《無死甘露妙樹》開示

有的人說，我要懺悔往昔所造諸罪業，要發誓日後不再造作這種惡業，
他說不敢保證自己未來還會不會再犯同樣的錯誤。
因為，在道次第中說，一定要作保證，立誓自己不再作惡業，才可以淨除罪障。

所以，為了消除過去的罪業，立誓對未來不造作惡業的保證，這是一定需要的。

雖然未來能不能保證不犯，你現在並不知道，但是，現在你一定要立誓，
這樣做對自己懺悔罪障才會有很大的利益，這是非常重要的！

觀心手記

10.08

星期__

強迫刻意不是修行

《法王教你做菩薩》，第 101 頁

精進是一種自然熱衷於修習善法的心態，相對來說，
強迫刻意的去行持善法，那就不是精進，同時也不是修行。

修行是自然的事，刻意去做反而不是修行了。你不需要想太多，
也不需要刻意說服自己需要去做，而是自然反應，就像要趕緊撲滅頭上的火；
就像如此，我們行持善法，是因為清楚地看到了它的重要性與必須性。

觀心手記

上師三德

2008 年，
上師、善知識應具備的功德特質

岡波巴大師所說的上師應具的三種功德：
第一、斷除對此生的貪著；
第二、以大智慧引導他人入道；
第三、以大悲憫而不捨棄弟子。

觀心手記

弟子三德

2008 年，宗門實修「噶舉祖師教言」

弟子需要具備的三種德行，這是岡波巴大師所說的：
第一個德行，是沒有傲慢，而虔誠恭敬。
第二個德行，是樂於接受教誨，而依教奉行。
第三個德行，是讓上師喜歡的事情，能夠捨命去做。

10.11

星期__

觀心手記

你從上師找的是什麼？

2012 年，第八世噶瑪巴
米覺多傑教言：《無死甘露妙樹》開示

現今的人不管親近哪一位上師，他們看重的經常不是上師精通經典
或捨棄此生的事業，總是把重點放在上師是否在石頭上留下腳印或手印，
見過什麼本尊，或者有什麼神通。他們總是把很小的功德當作不可思議的大功德。

其實，從他們的對話知道不具足真實的功德。如果真是一個捨棄此生的人，
不會對他人說起小小的神通及功德，即使獲得了也不會四處張揚。
四處張揚就知道他不是個捨棄此生的人。
一個今生都放不下的人，是不可能生起殊勝的功德。

10.12

星期__

觀心手記

感同身受之後

《崇高之心》，第 157 頁

心中懷著慈悲時，我們會與其他眾生更親近，
因為我們知道他們很容易受苦，就像我們一樣。

透過將自己受苦的經驗，
應用在我們見到的他人的痛苦上，我們會有某種感同身受的感覺。
這深深地打動我們的心，而且變得難以承受，
讓我們生起堅定的決心，要立刻去做一些什麼來保護他們。
如此，真正的慈悲就直接轉化為實際的行動。

觀心手記

10.13
星期__

成為修行人之前

2010 年，《勝道寶鬘集》釋論

在我們踏上解脫、究竟遍知果位的階梯之前，身為人類的我們，
首先應具備成為一個好人的條件，這是非常重要的。

當你具備了成為好人、善人的條件後，
才可能成為一個好的修行人或佛弟子。
如果連人都做不好，
那也不用談能否成為好修行人了。

觀心手記

10.14
星期__

菩提心不是外來的

《報告法王：我做四加行》，第 62 頁

希望各位能在心上真正培養菩提心珍寶，
而事實上我們每一個人都具備有菩提心的種子，
我們並不是去得到一個新的東西，
而是訓練、開展原有的菩提心。
因此，請大家好好承擔，觀修菩提心。

觀心手記

所謂的正念

2010 年，《勝道寶鬘集》釋論

誓言要不斷地回憶跟複誦，
遇到障礙和逆緣時，正念才有可能出現。

正念就是不忘失誓言，平時養成反省的習慣，
遇到考驗時，自然的反應就會是善的。

觀心手記

讓我們吃素吧！

《崇高之心》，第 182 頁

研究顯示，一英畝的土地能夠提供食物給一個肉食者，或是二十個素食者。
這就告訴了我們，如果我們的世界變成了素食的世界，
我們就能提供食物給比現在多二十倍的人。

如果我們認真地想要終止世界飢餓，我認為這個事實非常值得我們嚴肅以待。

觀心手記

10.17

星期__

滿足不在吃住

《法王教你做菩薩》，第 71 頁

真正的滿足，並非來自於一己生活的舒適與富有。

如果我們願意看看眾生的苦，
你不會滿足於只有自己過得好、住得好、吃得好。

當你真正發自內心地關心別人、想要利益別人，那麼你就會想盡辦法去幫助別人，不是為了名聲，也不是為了做給別人看，如此，你才有可能得到滿足，得到快樂，這即是一個佛子、菩薩該有的行為。

觀心手記

10.18

星期__

生命的價值

2013 年，生日開示

我們所說的「空性」或「相互依存性」，並非僅是一個道理，它也是一種價值，一種生命的價值，無論是在我們的品德上或真理上，我們都應該要好好的認知這一切的因緣，了解他們的珍貴性和重要性。這樣我們才能在這個相互依存的世界裡，活得更自在，更有成就和意義。

觀心手記

關於止的練習

2008 年，宗門實修「噶舉祖師教言」

禪修止的時候，要點是：「短時間、多次數」，
也就是練習「止的禪修」的時候，每一次時間要短，
專一、不散亂、然後多次數的，這樣子不斷地練習。

觀心手記

能夠支持你的

《崇高之心》，第 100 頁

身體上無論多麼「完美」，都無法帶給你長久的快樂，
或是支持你度過生命中的起伏。
能夠支持你的，是你自己善良的想法和崇高的心。

無論事物從外在看起來如何，當內在具有善德時，
你的心中將永遠有你可以珍視的東西。

觀心手記

10.21

星期__

心的平靜其實很簡單

2010年，《勝道寶鬘集》釋論

我們一直以為快樂是要得到一些新的東西，
或者做一些不一樣的事情，
例如衣服反過來穿，或是碗倒過來放等等。

然而快樂就在我們心中，降伏了煩惱，才能得到快樂；一個心中充滿煩惱的人，
就算躺在一張柔軟舒適的床上，身邊都是軟軟的墊子，還有人幫他按摩，
他也不會快樂。內心不平靜，所有想要快樂的想法都會被摧毀掉。
我希望各位能夠尋求內心的平靜，方法是什麼呢？很簡單，就是放輕鬆。

觀心手記

10.22

星期__

遊戲的禪修

《崇高之心》，第239頁

當你在培養內心的平靜，以它作為你的心靈修持的一部分時，
如果能夠記得你其實沒有義務要把每件事都看得那麼嚴重，
這會很有幫助。在處理憤怒的時候，
如果很緊繃，而且極度嚴肅的話，會讓事情變得更困難。

與其如此，你可以把輕盈的特質帶進來，輕鬆幽默地面對你的
處境是非常有幫助的，你甚至可以把憤怒都變成是一場遊戲。

10.23

星期__

觀心手記

油然而生的附帶價值

2014 年，歐洲弘法行：大手印禪修

「修持佛法」的核心目的，
是為了幫助我們改變自心，讓我們的心得以平靜，
而那些例如「身體健康、財富」等等，都只是附帶的好處。

事實上，若達到核心目的時，
附帶的那些健康、財富，也會自然而然地發生。

10.24

星期__

觀心手記

少無謂批評

《法王教你做菩薩》，第 110 頁

我們身為修行人，到底為什麼要修行？
就是希望能帶給自身與他人快樂與利益。
沒有快樂，也沒有利益的修行，是不值得我們去勞心勞力。

同樣地，如果我們的批評無法帶給他人利益的話，就應該避免批評。

觀心手記

悲心無法創造

《崇高之心》，第 249 頁

悲心並不是我們需要自己去取得或是創造的新東西，
它已經存在於我們每一個人心中。

無論一個人看起來有多壞，他們仍然有悲心，
那是他們的本質當中，基本而不可或缺的一部分。
我們都有這樣的悲心，基於這個原因，
我們的悲心將永遠不會竭盡，它本身就具有持續的力量。

觀心手記

10.26
星期__

調心法門

《我願無盡》，第 99 頁

我們每個人都有自己的修行法門，
但其實每一個法門，都是幫助我們調伏自心的工具。
就算今天只是聽到一句佛語，也要用來調伏自心。

10.27

星期__

觀心手記

空談沒有幫助

2005 年，宗門實修「四共加行」

佛法不是一篇動人的故事或一些華麗的文字；
佛法是一門學處，我們學得會的；
佛法亦是一種知識，是我們能夠透過實修而證知的，
佛法具備廣大的利益。

因此，佛法不是空談，佛法與我們的生活與自心密不可分，
這一點非常重要。光是空談是不會有任何利益的。

10.28

星期__

觀心手記

真正的仇敵

《我願無盡》，第 100 頁

其實真正的仇敵和魔障，根本不在外頭，
而是被我們小心翼翼地保存在心中。要知道，外在的敵人永遠消除不完，
真正的仇敵，其實就是我們自心的貪瞋癡的煩惱。

因此，我們應該每月、每周、甚至每天檢查自心的善惡，
然後找到適當的對治方法，好好調伏自心，不然，修行是絕對不會進步的。

觀心手記

10.29
星期__

打開你的心

2009 年，《龍樹親友書》開示

人的一生本來就會經歷很多事，苦樂好壞都會經驗到，
心只要打開，去經驗一切、包容一切，
這樣無論外在如何變化，你的心都不會被動搖、受打擾。

觀心手記

10.30
星期__

要成為好人

2010 年，《勝道寶鬘集》釋論

學佛不是讓你變成一個奇怪的人。

其實真正的佛教徒是什麼？真正的佛弟子就是一個人，
是一個很善良的人，懂得透過佛法降伏自心，
慢慢的消除傲慢、瞋心等煩惱之後，
成為家中最好的那個人，最好的親人。

10.31

星期__

觀心手記

多彩多姿的生命

《崇高之心》，第 252 頁

我們一旦決心要把真正的悲心帶進我們的生活，
即使在最小的行動中，也能夠去實踐它。

我們心中懷著善意，改變我們日常的行為，
讓每天的生活中都充滿人情溫暖，透過這一切，
我們可以讓整個生命多彩多姿。
這是有可能發生的，我們的生命可以轉化為愛。

▶大祈願法會圓滿日，法王噶瑪巴撒花獻供表示「吉祥圓滿」，是法會的美麗句點。

11月

愛生命護心靈

養成愛護生命、救護痛苦的好習慣，
奠定修行旅程的最好起點。

農曆十一月

	1	2	3	4	5	6
7	8 六齋日	9	10	11	12	13
14 六齋日	15 六齋日	16	17 阿彌陀佛聖誕	18	19	20
21	22	23 六齋日	24	25	26	27
28 六齋日	29 六齋日	30 六齋日				

藏曆十一月【莊嚴月】

	1 禪定勝王佛日	2	3	4 第八世噶瑪巴 米覺多傑誕辰	5	6
7	8 藥師佛日	9	10 千劫佛日	11	12	13
14	15 第十世噶瑪巴 確映多傑圓寂 阿彌陀佛日	16	17	18 觀世音菩薩日	19	20
21 地藏王菩薩日	22	23 大曰如來日	24	25 蓮師日	26	27
28	29	30 釋迦牟尼佛日				

觀心手記

11.01

星期__

小想法大意義

《崇高之心》，第 248 頁

如果我過著培養慈悲和關愛的生活，
我想，這或許就是某些人的希望和勇氣的源泉。

只是活在這個世界上，心中懷著愛，就可以是我對他人的關心的一種傳達，
即使這樣都會很有意義，我有這樣的一個小小的想法，或許，
它其實並不小，但是它很單純——從某種角度來說它很單純，
但是從另一方面來說，它很寬廣開闊。

觀心手記

11.02

星期__

人身意義

《我願無盡》，第 135 頁

我們應該在心中立下誓言，
其我們今生得到了珍貴的人身，
也具備善惡取捨的道德觀念，
要讓自己的身口意有意義、要能利益他人。

觀心手記

無常的建設性

《崇高之心》，第 44 頁

無常只是一個基本的既成事實，無常本身不是好，也不是壞。去否認它，也絕對沒有什麼好處。

事實上，如果我們能夠有智慧地面對無常，我們就有機會發展出一種更有建設性的方法，來面對這個事實。

如果我們這麼做，在面對意想不到的突然改變時，就能夠學會如何輕鬆以待，並且能夠自在地處理可能發生的任何新狀況。在面對改變的事實時，我們會變得更加善巧。

觀心手記

三門責任

2014 年，大手印四共前行

談到「業之因果」，不論是誰，都應該為自己的身、口、意三門，擔負起責任，懂得做取捨。

因為一切自主權都在自己，我們無論是成好或成壞，自己都要負責，要瞭解善惡的利害關係，要懂得因果善惡的取捨，並擔負起責任。

觀心手記

11.05
星期__

離此生的執念

2005 年，宗門實修「四共加行」

一個能「遠離執著此生」的修行，才是真正的如法。

一切佛法的修持都匯歸於三乘的修持中，
在三乘修持，最開始是小乘的修持，
小乘的修持最主要的是以「出離心」為基礎。
若是連出離心都做不好，那又怎能進入大乘的修行呢！
所以說出離心很重要。

觀心手記

11.06
星期__

真正的修行徵兆

《法王教你做菩薩》，第 42 頁

修行得法的真正徵兆，表現在如何面對煩惱。

在生活中，當煩惱升起時，
自己不但能夠察覺，並且能運用對治法來平息煩惱。
這點很重要，因為有時候我們不瞭解什麼是修行佛法，
也不知道為何修行佛法，而將一些修法過程中的一些經驗，
當成是真正的徵兆，這是我們應該避免的錯誤。

觀心手記

誰來佑護？

《法王教你做菩薩》，第 64 頁

自從出生以來，父母就是我們的護佑者。
但佛法卻更進一步地説，我們能夠保護自己免於痛苦，自己即是自身的護佑者。
在面臨死亡之際，我們無法依賴任何其他人，只有自己才能維護自心的明覺。

佛陀：「自己能為己救護，他人何能救吾等？」但要實行出來，卻相當地困難。
因此，在一開始，我們需要依靠他人。依靠怎麼樣的「他人」呢？必須是願意幫助，且不會欺騙我們的人。而符合這個條件、穩當又值得信任的，即是佛、法、僧三寶。

觀心手記

懺悔能勝須彌

《我願無盡》，第 79 頁

有些人今生做了極大的罪業，結果不肯原諒自己，
覺得今生沒救只能指望來生；乍聽之下好像言之成理，但並不正確。

事實上，無始輪迴以來，我們造作了無量的罪業，
如果過去沒有造作罪業，今生應該是乾乾淨淨的投生人間。

然而，每個人的投生，都帶著過去生中無始以來所積聚的、如同須彌山一般廣大的惡業，因此，如果今生能夠認識、承認自己的錯誤，生起後悔的心，
這本身就是一件極為難得、有福氣的事情，是我們應該感到歡喜的。

觀心手記

增順緣消逆境

《我願無盡》，第 25 頁

修行之道最主要的順緣，在於積聚資糧，
也就是積聚福慧兩種資糧，並且要消除逆緣，
也就是淨除罪障。如果不具備這樣積資淨障的俱生緣，
僅僅是做一些觀修，或者轉化自心，是很難生起證悟的。

觀心手記

眼中的樑木

2008，依止上師

在還未依止上師前，應該好好的觀察，一旦依止了上師，
就不應該看上師的過患，即便示現有過患，也要盡可能的去看他的功德。
因此，依止上師後才覺得上師有過患，這就太遲了。

任何人在觀察上師是否具德時，是需要時間以及不畏艱難的去觀察，
就像密續經典中說，要觀察十二年。然而如果還不能確定上師是否具德，
即便十二年期滿了，卻仍要再忍耐的去觀察，但是若已經確定了
上師是具德的，而仍然不去依止，這樣就有過失了。

11.11
星期__

觀心手記

慈悲哪裡來？

《愛的六字真言》，第 59 頁

我們不應該認為是我在給予他人慈悲，
應該稍稍換個角度來想：真實的慈悲大力是他人給予我們的。

事實上慈悲是如何產生的呢？
首先我們看到一個人，因為有這個外境的緣，我們才有感受生起。
因此可以說，慈悲力量的泉源其實是對方，所以我們需要與他融合。
這時我們可以觀修自己不再是自己，自己就是他，
或者以大悲心與菩提心設身處地的來領會他人的感受。

11.12
星期__

觀心手記

愛的價值

《崇高之心》，第 133 頁

我或許無法為我見到的人做任何實質的事情，
但是我可以關心他們的幸福。

在一個鮮少將真正關心他人置於重要地位的世界，
一個愛和慈悲似乎非常罕見的世界裡，或許這可以有一些價值。在這個世界上，
有一個人掛念他們，關愛他們，確實會讓人們深深感動。

在一個太少有愛的世界裡，我可以看到，即使只是這麼簡單的愛的傳達，
都對人們造成很大的影響。它帶來一些真正的快樂。

觀心手記

11.13

星期__

你抱著惡心嗎？

《跟著走，就成佛》，第 178 頁

我們不能刻意地捨棄眾生，
當然沒有能力幫助那是另當別論，
但是無論如何，
你都不該帶著惡心或想要害他的心，
捨棄去幫助別人的機會。

觀心手記

11.14

星期__

少幾分自我中心

《崇高之心》，第 248 頁

養成「你是他人的一部分」的看法，你的痛苦就會減輕，勇氣將會增強。

把所有的人際關係弄得複雜的自我中心，也會因此減輕許多。
這樣可以在你與他人接觸時，引生出真正親近和強烈關愛的特質。

如此，當你見到自己不只是和眾生有關連，而是實際上就是所有眾生的一部分時，
僅僅是這樣，就能夠轉變你對世界的感受，以及你與這個世界上每一個眾生的關係。
你可以與世界十分和諧地相處，這就是情感的平衡穩定和持續常存的究竟快樂。

觀心手記

從觀心下手

2010 年，《勝道寶鬘集》釋論

現在很多人喜歡學習禪修，身體坐直，手持定印；
但是，真正禪修的要點是什麼呢？

就是認識自心動機的善惡而作取捨。
因此，禪修的入手處就是觀看、審查自心。

觀心手記

當心你的世俗心！

《我願無盡》，第 101 頁

佛法的作用是什麼呢？就是調伏自心。
許多人一心只想求長壽、求無病，想要修持財神求財富，

或者修持度母求生兒子，總之，都是帶著短視近利的世俗心態而修持，
其實這樣已經完全跟佛法相違背了；
佛法、修行已經成為我們滿足世俗心態的工具了。
我們大家都要很小心，一定要回到心上作修持。

觀心手記

耕耘心田

2013 年，《百段引導文》開示

我們所有人的內在都有自然無造作的善根、這些本善的直覺種子。
但我們還是向外去尋，不知自身已擁有多麼無價且重要的寶藏。
我們必須像看待珍稀的佛一樣來看待心中此功德的種子。
我們必須增長這些內在功德的種子。
我們需要引發此自然本俱的力量，持續耕耘直至獲得究竟的證悟。

觀心手記

改變向外的慣性

《崇高之心》，第 54 頁

儘管我們如此聰慧，我們依然經常落入向外在的事物
和狀況去尋求快樂的錯誤慣性模式。

你可以提振自己聰敏的覺知，
而且隨時可以將注意力從外在的情況，轉向自己內在善美的不竭源泉。

無論在什麼情況下，你永遠都不會失去這個善美。

觀心手記

讓心回家

2008年，
宗門實修「噶舉祖師教言」

修行，不只修你自己的心，還要運用在行為上。
「修心」，就是要轉變你自己的心，這就要讓心有一個「家」。

人都可以回家，心也可以回家，在外面工作忙了一天，有一個溫暖的家可回，就會覺得：噢！可以回家，就可以休息休息，輕鬆輕鬆，喝點茶，真好。

人可以回家，心也可以回家！如果內心有一個安定的空間、有一個家，
無論外在發生什麼事情，自然而然就會有一種滿足或者休息的感覺。

觀心手記

修行旅程的起點

2014年，修心與開啟慈悲心

我比較幸運，印象中，父母親是如此的關愛我，
不僅如此，他們還教導我要去關愛周圍的人。

所以我常常跟別人說，我最初的心靈導師、善知識，就是父母親。從小，父母就會告訴我，連小昆蟲都要愛護，就像是對待父母親一樣地呵護、珍惜所有生命。

因此，愛護生命、救護痛苦的好習慣，我想都是因為父母親的恩德而養成的。
這也幫我奠定了一個最好的修行旅程的起點。

觀心手記

當你說著是非時

2006 年，勿說他人過

說他人過錯，馬上就成為自己生起煩惱、增長煩惱的因與緣，也令他人生起煩惱。

而煩惱的因與緣，就是墮入三惡道的因與緣。所以，請不要作殃禍眾生的事，我們本應儘量的去降服自身種種煩惱，不令生起煩惱的，然而，自己的煩惱不但未能息滅調伏，反而更到處說他人的煩惱，這真是非常的不適當。

因此，對於各種過失，如果我們不經仔細觀察，而胡亂的想到什麼就說什麼的話，是很不好的。

觀心手記

苦樂皆由心

2003 年，心的造作

仔細觀察會發現，心是主要感受苦樂的基礎。

當心感到喜樂時，惡劣的外境不會影響我們，當心感到痛苦時，最好的環境條件也無法使我們快樂，所以說心的喜樂、心的覺受是主宰我們身心的苦樂以及一切苦樂的根源。

也因此我們可以知道，心是一切的根本，一切境相也由心的造作而成。

11.23

星期__

觀心手記

內在的善知識

2005 年，宗門實修「四共加行」

佛經當中談到有兩種善知識，一個是內在的善知識，一個是外在的善知識。
所謂外在的善知識，就是正確無誤的說法者；
內在的善知識，就是如法修持的自己。

雖然觀察與依靠一位具德的善知識很重要，
但是更重要的是我們內在的善知識，也就是我們自己要如理如法的來修持。

如果能做到如理修持，上師對弟子也才有利益。
依止上師，就要如理如法地修持，不只是看著上師、供養上師或跟隨上師而已。

11.24

星期__

觀心手記

修行是動詞

2008 年，宗門實修「噶舉祖師教言」

修行，不是一個名詞， 它是一個「動詞」。

也就是：你要這麼去做，你要努力去做，
而不是口頭上說說：「嗯，我有慈悲、有關愛的心。」這樣是不夠的。

當你的心開始動了，譬如說慈悲的力量開始動了之後，
它就會帶動你身體的行為跟語言，也跟著改變。
然後，你會發覺你周圍的環境也慢慢開始改變了。

觀心手記

11.25

星期__

佛法不是休閒活動

2005 年，宗門實修「四共加行」

不能將修持佛法當做是很舒服、安慰自己的一種休閒活動而已。

佛法其實是能夠解決現實生活中各種問題與痛苦的一門知識，因此如果不將佛法帶入生活，那麼當我們遇到狀況的時候，就會不知該怎麼辦，不知如何對治，只好還是老樣子；因此，當有人又來傷害我們，我們還是習慣性地會用瞋恨心面對他……總之，我們說沒時間來修持，其實並不是真的沒有時間，而是因為我們沒有養成佛法的習慣，沒有真正的信法，或者說不相信佛法是真實的、是好的。

觀心手記

11.26

星期__

至少不是眾生的公害

2012 年，第八世噶瑪巴
米覺多傑教言：《無死甘露妙樹》開示

如果我們想要修持真實的法教，即使你不能成為一個有慈悲心的人，但是你也要是一個心地善良的人，若能斷除對眾生的傷害，那是很好的。

總之，最主要是自己可以成為一個好人，可以成為一個為他人服務，能夠利他的一個好人，可以成為那些無依無靠眾生的救怙處及皈依處。

觀心手記

生活禪定力

2009 年，〈龍樹親友書〉開示

做事要有定力，要把心放在所做的每件事上，
隨時保持覺性、覺照力，這樣每天晚上回想，
你這一天才過得有意義，在生活裡培養這種專注
而有覺性的「禪定力」，是非常重要的。

觀心手記

在這條路上

2008 年，宗門實修「噶舉祖師教言」

「煩惱、障礙、挫折」，其實是我們修行道上的莊嚴和威德。

觀心手記

以為你少了慈悲嗎？

《崇高之心》，第 159 頁

對慈悲的另一項誤解，是認為慈悲是某個你現在缺乏的東西，
所以你必須到外面去，從某處得到它。

當我們談到慈悲時，
我們不是在談某個在我們之外，一個需要被引進的東西。

相反地，慈悲是每一個人本具的，
是我們不可或缺的一部分，整天都是如此，而且每一天都是如此。

11.30

星期__

觀心手記

月亮保存了我的愛

《崇高之心》，第 70 頁

我覺得我的愛，不必然要被我的生命或身體所侷限。
我會想像如果我不再存在於這個世界上時，我的愛依然能夠存在。
我想把我的愛放在月亮上，讓月亮保存著我的愛。

讓月亮做我的愛的保管人，
就像月亮傳送它的光芒擁抱整個地球一樣，將我的愛獻給每一個人。

▶法王噶瑪巴，攝於印度拉達克，弘法途中夜讀。

12月

圓滿結算一年的善與惡

你不只永遠都有無限的自由來塑造自己，
而你的所作所為也塑造了你周圍的世界。

農曆十二月

	1	2	3	4	5	6
7	8 佛陀成道日 六齋日	9	10	11	12	13
14 六齋日	15 六齋日	16	17	18	19	20
21	22	23 六齋日	24	25	26	27
28 六齋日	29 六齋日	30 六齋日				

藏曆十二月【滿意月】

	1 禪定勝王佛日	2	3	4	5	6
7	8 藥師佛日	9	10 第十四世噶瑪巴特秋多傑辰 千劫佛日	11	12	13
14	15 阿彌陀佛日	16	17	18 觀世音菩薩日	19	20
21 地藏王菩薩日	22	23 大日如來日	24	25 蓮師日	26	27
28	29	30 釋迦牟尼佛日				

觀心手記

讓世界更美好

《崇高之心》，第 275 頁

你可以讓世界變得更好的必要條件，是你持續的關心。

你慈悲的觀點所依據的基礎，不能只是身處在具備有利條件的環境中。你對他人的關懷，以及你對採取行動的承諾，都必須深深地在你心中扎根。

你的生活和行動要充滿你對一切眾生的關愛和真情，而且無論去到哪裡，都要讓它們伴隨著你。

觀心手記

12.02

星期__

身為人，不論如何

2007 年，長壽佛灌頂

無論如何我們說今生為人，
當我們還活著的時候我們要有一念心，
盡力的減少傷害別人的行為，而且要盡力的去利益他人，
隨時要這樣提醒自己具備這樣的心這是很重要的。

觀心手記

廣大與渺小

2012 年，第八世噶瑪巴
米覺多傑教言：《無死甘露妙樹》開示

對於每一位被痛苦逼迫的眾生，
我們設身處地的去想著他們的痛苦，如此就會覺得，
其實，自己的痛苦並不是很嚴重的。

同時也會想到，自己不論如何都好，只願眾生能脫離痛苦，
因為眾生的事業是極為廣大，而自己卻極其渺小。
應以這種方式去觀修。

觀心手記

改變的真相

《崇高之心》，第 38 頁

「改變」就是生命最經久不衰的一種特性。
現今這樣的你，不會是十年後的你、五年後的你，
甚至也不會是一年後的你。

你周遭的情況一直在變遷，
而你也不斷以你之所以為你的方式，在回應這一切的改變。
你不只永遠都有無限的自由來塑造自己，而你的所作所為也塑造了你周圍的世界。

觀心手記

種子不死

2012 年，《三主要道》釋論開示

業果是不失壞的，佛經說：
「有情所作業，百劫不失壞，因緣聚會時，果實即成熟。」

有情所造作的善惡業，永遠不會壞失，
自己無論試圖阻擋多久，或許幾劫的時間，
但是就如同播於乾地的種子，
只要水份充足（就會發芽）一樣，任何造作的業，
當它被催醒的時候，苦樂的果報就會成熟。

觀心手記

12.06
星期__

為什麼說三遍？

2012 年，第八世噶瑪巴
米覺多傑教言：《無死甘露妙樹》開示

積累智慧資糧之前，一定要先積累福德資糧，
而要積累福德資糧，就一定要先斷除貪戀此生的意念，
要斷除貪戀此生，我們要捨棄此生！捨棄此生！捨棄此生！

為什麼要說三遍呢？
主要是為了強調「捨棄此生」的重要性，表達真正的重點。

12.07

星期__

觀心手記

出得了門的修持

2014 年，〈修心八頌〉開示

「對治煩惱」是整個修持的重要根基。

有時我們在佛堂中修持，環境很舒適，所以覺得自己很有慈悲心、禪修很好。
其實要在日常生活中，在工作或與親人家人相處中，才能看得到佛法的力量。
尤其是當你心中有煩惱或遇到逆緣時，
此時才能看出佛法對你是否真有用處、是否幫助你對治了你的煩惱。

若平常用不上，只是在舒服房間才有修持，那佛法就並未成為對治煩惱的方法。

12.08

星期__

觀心手記

罪在心中

2014 年，《大手印了義炬》開示

很多時候，雖然身體上、語言上沒有傷害他人，
但如果心中的惡心不斷地生起的話，就算現在沒有傷害別人的心，
但之後遇到可能的緣，這種惡心就又出現了。

所以真正皈依法之後不傷害眾生，不只是身體上、語言上不傷害眾生，
更重要的是，要去看看自己的貪心、瞋心、邪見等，而且也要將它斷除。

觀心手記

罪惡沒有靠山

《我願無盡》，第 85 頁

如果說我們只是嘴上說懺悔，心裡卻胡思亂想，
沒有真心懺悔，這樣懺悔的力量是很微小的。
懺悔需要心口合一，需要真心願意去懺悔，才能真正淨除罪障。

就像之前提到：「善業的力量大，惡業的力量小。」
這是因為罪惡本身沒有任何真實的靠山，它是由錯亂心所造成，
是站不住腳的；善業則是由無錯亂的心所造成，因此善業有真實力量的支持。

真實或真理，能夠戰勝一切，虛假，則永遠註定失敗。這是世間的法則，不是嗎？

觀心手記

世界人權日

12.10

星期__

這種傳統何必堅持

《就在當下》，第 22 頁

所有的傳統，無論是宗教上或世俗上，
都是為了利益人類社會而發展出來。

一旦這個傳統或系統，變成具有傷害性時，
就沒有必要去堅持遵循它。

12.11

星期__

觀心手記

當嫉妒來敲門

《我願無盡》，第 83 頁

隨喜能對治嫉妒，
生起與隨喜對象同等善功德，
所以對一切善功德，
我們都要無嫉妒、無我慢的，全部加以隨喜。

12.12

星期__

觀心手記

值得信賴的好朋友

《我願無盡》，第 122 頁

善知識，就是一個好朋友，一個善良的朋友，
一個值得我們生生世世都信賴的朋友。

觀心手記

慈悲的成果

《崇高之心》，第 263 頁

去滋養你的悲心，讓它準備好隨時能轉化為實際的行動。

除此之外，最好不要把注意力放在結果上。
事實上，就算沒有外在的成果能夠顯示出你的努力，
你都能受用到極大的利益。

慈悲的態度本身如此有益而深具意義，因此，
無論你慈悲的行為有什麼樣的成果，都值得我們去培養它，維護它。

觀心手記

12.14

星期__

請讓我謝謝你

2012 年，第八世噶瑪巴
米覺多傑教言：《無死甘露妙樹》開示

對所有曾經得到的點點滴滴幫助，都心存感恩。
用感恩的心，盡自己最大的能力，
去回報他人曾經給予你的恩惠。
如果你能這樣做，未來所能獲得的幫助，將源源不絕。

觀心手記

12.15

星期__

禪修習慣

2008 年，
宗門實修「噶舉祖師教言」

禪修，藏文的意思是「習慣」，
也就是你要讓自己去習慣、去練習、去完全轉化我們煩惱的習性跟習慣。

就好像我們不熟悉的事情，透過練習跟習慣，
將它變成熟悉，或者是有些不慈悲的想法，
透過一再調整，讓它變成慈悲，
這種「讓心習慣的方式」，就叫「禪修」。

觀心手記

減少外在敵人的方法

《法王教你做菩薩》，第 90 頁

內在的瞋恨，是我們真正的敵人，
它會斷除增上生與獲得究竟解脫的因。
若是沒有降伏內在的敵人，
外在的敵人只會愈來愈多。

觀心手記

就算他人只有一個

《崇高之心》，第 48 頁

當我將自己的人生視為很珍貴的東西，
而且見到我或許有能力為他人帶來一點快樂和喜悅，
就算這個對象只是一個人，
我都會知道自己的生命真的有意義。

觀心手記

12.18

星期__

別忘了你也正在輪迴

《愛的六字真言》，第 104 頁

培養對他人的真正慈悲，必須先由培養對自己的慈悲開始。

慈悲的定義是「願解脫輪迴中一切眾生的發心」，如果我們已經從輪迴中解脫出來的話，就不需要把自己包括在慈悲的對象之中，只要對他人慈悲就可以了；但實際情況並非如此，正如其他的人一樣，我們自己仍然沉溺於輪迴當中，因此自身也是我們慈悲的對象。

所以，我認為既有照顧他人，也有照顧自己的責任。
事實上，我們愈能對自己慈悲，就愈能對他人慈悲。

觀心手記

乾等待的利他心

2008 年，「岡波巴四法」開示

我們要有一種為教、為眾的廣大心願，這樣修行才會有效益。

尤其現在二十一世紀，是一個非常動盪的時代，在整個地球環境可能都要毀滅的緊要關頭，如果還說「現在自己能力不足，不過未來只要有機會，我一定會利益眾生」那種乾等的話，那是不行的。

無論有沒有機緣，我都秉持熱忱與善心，只要有我能做到的，任何為教、為眾的事情，我就要挺身而出，要不然怎麼能說自己是大乘的修行者呢？

觀心手記

一失足的善惡之間

2004 年，〈修心七要〉開示

人的一生也許會活很多年但終究只是一生，並且是短暫的。

而在我們人生中也常常因為一個錯誤，或者在任何事情上犯了錯誤之後，
很可能都會造成一生的浪費與後悔，使得我們一生中都很困難，
所以不管我們做任何事情的時候，在這一生當中都要非常地小心注意，
要去取捨善惡及分別善惡。

觀心手記

生命中的每一刻

2014年，歐洲弘法行：「四加行」

「觀修無常」是為了幫助我們了解到，
生命中每一刻的改變，都是一次嶄新的機會，
因此，人生的機會是無窮無盡的，
我們要把握這每一個機會，好好地做抉擇，
這就是觀修無常的目的。

觀心手記

不是好人的修行人？

2014年，歐洲弘法行：「四加行」

很多人都肯定、確認自己「是一個修行人」，但是，
卻無法肯定的回答，自己「是不是一個好人？」，這樣是不行的。

因為，如果連「一個好人」都當不成，
怎麼可能成為「一個好的修行人」呢？講回來，這裡的重點就在於，
修行並非現有生活之外的另一件事，也不是要去成為另外一個人。

修行就是開發自己的良善功德，這是非常重要的。

觀心手記

離心之外

2003 年，如何依止上師

修行是修我們的自心。任何慈與悲的修持，都不應該只是嘴上的修行。

真正發起心來，拔除一切眾生的痛苦、給予一切眾生快樂，
並且不傷害眾生，欺侮眾生或嫉妒眾生，
這才是真正的修心。離心之外，一切外相的修持都不是究竟。

觀心手記

歡喜行動的基礎

《崇高之心》，第 253 頁

你的祈願具有的純淨、善美，
其力量遠勝過任何外在的障礙，無論這些障礙是大是小。

重點是去愛，去生起悲心，讓這些有益的感受成為歡喜行動的基礎。
這可以讓你將悲心持續保持在心中，
無論你利益他人的努力，從外相上看來是成功還是失敗。

觀心手記

我們一起來發願

《報告法王：我做四加行》，第 85 頁

在佛陀的聖地，千佛成道的密嚴淨土，
我發願：我的一切身、口、意都能永遠跟隨著你們！
給予你們安慰，減輕你們的痛苦。

觀心手記

12.26

星期__

新的一頁

2014 年，歐洲弘法行：「四加行」

任何人都可以重新來過、都可以重見光明，
過去傷痛的故事早已經結束，
我們可以隨時開啟新的扉頁。

觀心手記

別讓慈悲心分岔

2000 年，空性的開示

為度無量的眾生、我們應盡力和恒常去拓展慈悲心。
我們可以生起和擁有寬宏的慈悲心，
但若生起一剎那的怨忿，這慈悲心就會被完全摧毀。

12.28

星期__

觀心手記

把握當下

2014 年，《解脱莊嚴論》開示

過去已經消逝，
雖然往昔經歷了很長時間、出現過很多的人事物，
但現在，過去的一切就像逝去的一剎那一樣，

然而，未來還未到來，會如何也只是個未知數，
因此只能在現階段，把握這個當下，立即去修持。

觀心手記

寶中寶

2014 年，〈修心八頌〉開示

不僅究竟佛果要依靠眾生，
若我們想要獲得今生暫時天人果位，
也需具備「不傷害眾生」的戒律，
因此可知道眾生是如此重要，
不論是得到暫時人天果位或究竟的佛的果位，
都需要依靠眾生而得，
因此要想說「眾生比如意寶還要珍貴」。

觀心手記

12.30
星期__

不再讓煩惱做主

《跟著走，就成佛》，第 21 頁

什麼稱為善？就是改變我們的心，
我們要讓自心變得寂靜、調柔，不再讓煩惱做主。
做得到這樣，就是向善。

新年除夕

12.31

星期__

觀心手記

年終掃心地

2007年，參加祈願法會應有的心態

在過去一年當中，我們造作了很多惡業，也造作了許多善業。

年尾時我們應該發露懺悔一年中造作的罪業，不足的善業則盡力補足。
這是回顧一年、總結善惡業的時候，是積聚善業、淨除罪障的好機會。

如果我們不及時懺悔這一年當中造作的各種罪業，
只是放著不管的話，罪業將年年累積，愈來愈多。

把這一年當中違犯三戒律等的任何罪業，以發自內心的真誠，一一懺悔。
我相信這樣的懺悔將會產生不同於一般的大力量。

國家圖書館出版品預行編目(CIP)資料

吉祥如意每一天：大寶法王口訣日曆 / 第十七世法王噶瑪巴 鄔金欽列多傑著；了覺, 了塵編選. -- 初版. -- 新北市：眾生文化, 2014.12m
面；17 x 22 公分. -- (噶瑪巴教言；9)

ISBN 978-986-6091-36-0(精裝)
1.藏傳佛教 2.佛教說法

226.965　　103019094

噶瑪巴教言 9

吉祥如意每一天：大寶法王口訣日曆

作　　者　第十七世法王噶瑪巴　鄔金欽列多傑
編　　選　了覺法師、了塵法師
圖片提供　噶舉大祈願法會、大寶法王中文官網
發 行 人　孫春華
社　　長　妙融法師
總 編 輯　黃靖雅
執行主編　李建弘
封面設計　自由落體設計
內頁構成　舞陽美術・吳姿瑩
行銷企劃　劉凱逢
發　　行　黃志成

台灣發行　眾生文化出版有限公司
地址：220 新北市板橋區四川路2段16巷3號6樓
電話：886-2- 89671019　傳真：886-2- 89671069
劃撥帳號：16941166　戶名：眾生文化出版有限公司
電子信箱：hwayue@gmail.com　網址：www.hwayue.org.tw

台灣總經銷　飛鴻國際行銷股份有限公司
地址：231新店市中正路501-9號2樓
電話：886-2-82186688　傳真：886-2-82186458

香港經銷點　里人文化事業有限公司
地址：香港荃灣橫龍街78號正好工業大廈25樓A室
電話：852-2419-2288　傳真：852-2419-1887
電子信箱：anyone@biznetvigator.com

初版一刷　2014年12月
I S B N　978-986-6091-36-0（精裝）
定　　價　280元